입시 승부
이제는 대입
자기소개서다

윤창영 저

입시 승부 이제는 대입 자기소개서다

초판인쇄 2019년 7월 23일
초판발행 2019년 7월 29일

지 은 이 윤창영
발 행 인 조현수
펴 낸 곳 프로방스
마 케 팅 최관호 최문섭
IT 팀 장 신성웅
편　　집 Design one
디 자 인 Design one

주　　소 경기도 고양시 일산동구 백석2동 1301-2
　　　　　넥스빌오피스텔 704호
전　　화 031-925-5366~7
팩　　스 031-925-5368
이 메 일 provence70@naver.com
등록번호 제2016-000126호
등　　록 2016년 06월 23일
I S B N 979-11-6480-006-3 43370

정가 17,800원

A letter of self-introduction

입시 승부
이제는 대입
자기소개서다

윤창영 저

프로방스

CONTENTS

2장. 공통문항 1번 자기주도 학습을 보여주자.

3장. 공통문항 2번, 충실한 학교생활을 보여주자

4장. 공통문항 3번, 부족함 없는 인성을 보여주자.

5장. 일반 대학교 4번 문항(교대 제외)

*4번 문항 설명 - 144P

*일반 대학교 4번 문항 유형 구분 그리고 예문 - 145P

-유형 구분 설명

1. 유형1 지원동기(예문 포함)

2. 유형2 학업계획(예문 포함)

3. 유형3 진로계획(예문 포함)

   ※참고1. 지원동기, 학업계획, 진로계획 1,000자 예문

   ※참고2. 지원동기, 학업계획, 진로계획 1500자 예문

4. 유형4 진로 계획에 대해 준비한 과정이나 노력한 과정(예문 포함)

5. 유형5 지원자의 교육과정이 성장에 미친 영향(예문 포함)

6. 유형6 대학교가 학생을 선택해야 하는 이유(예문 포함)

7. 유형7 DIGIST (예문 포함)

8. 유형8 서울대 4번 독서 문항(예문 포함)

9. 유형9 본인은 어떤 과학 기술인으로 성장하고 싶은지 기술(GIST)

   (예문 포함)

6장. 대학별 4번 문항 현황 및 작성 방법 (전국 대학교 4번 문항 분석)

7장. 교육대학 4번 문항

끝맺는 말

*"지금은 학종(학생부종합전형) 시대예요."

자기소개서 작성은 쉽다.

학생부 종합전형에서 자기소개서 중요한 것은 누구나 다 안다. 그렇기에 이 책에서는 그런 뻔한 이야기는 생략하기로 한다. 자기소개서를 작성하려는 학생에게 정작 중요한 것은 '무엇을 어떻게 쓰느냐'이다. 백날 이론만 달달 외운다고 잘 써지는 것이 아니다. 운전면허 시험에서 이론에 해당하는 필기를 백 점 만점을 받는다고 운전을 잘하는 것이 절대 아닌 것과 같다. 중요한 것은 글쓰기이다. 글쓰기는 생각을 글자로 만드는 것이다. 경험한 것은 머릿속에 어떤 형태로든 저장이 된다. 그리고 학생생활기록부(이하 학생부라 한다.)에도 자신이 행한 학교생활의 많은 부분이 적혀있다. 학생부를 참고하여 먼저 써야 할 것을 선정하자. 그러고 난 후 학생부에 적힌 것을 소재로 하여 살을 붙여나가면 된다. 모를 때는 답답하지만 일단 알고 나면 별것이 아니다. 쉽게 생각하자. 기껏해야 3,500자에서 많게는 10,000자에 지나지 않는다.

이 책에서는 자기소개서를 쉽게 작성할 수 있도록 하는 것에 초점을 맞추었다. 복잡한 이론은 크게 도움이 되지 않는다. 단순하게 생각하자. 자신의 머릿속에 든 경험을 적고 의미부여를 하면 된다. 이론에 해당하는 자기소개서에 들어갈 내용이나, 해당 문항에 어떤 것을 써야 하는지는 귀에 못이 박히도록 들었을 것이다. 또한, 자기소개서에 적으면 안 되는 것들도 알고 있으리라. 그렇기에 이 책에서는 꼭 필요한 것만 언급했다. 대신에 합격한 선배들이 작성한 예문을 많이 실었기 때문에, 그것을 읽는 것만으로도 어떻게 써야 하는지 감을 잡을 수 있다.

공통문항인 1번~3번은 경험한 것을 쓴다. 경험한 것은 쉽게 쓸 수 있다. 하지만 경험하지 않은 것을 적는 4번 문항은 상대적으로 적기가 어렵다. 하지만 이것도 방법만 알면 쉽다. 전국 대학교의 4번 문항을 분석하여 유형으로 만들어 두었다. 학생이 원하는 대학교를 찾아 그 방법대로 작성만 하면 된다.

모든 학생이 작가처럼 훌륭한 글을 쓸 필요는 없다. 대학에서도 그것을 원치 않는다. 입학사정관은 학생이 고등학교 생활을 어떻게 했는지 그 과정을 보겠다고 한다. 그러면 그 과정을 쓰면 된다. 글쓰기는 어렵지 않다. 한국말만 알면 누구나 자기소개서 정도는 쓸 수 있다. 하지만 그 방법을 모르고 글쓰기 훈련이 되지 않았기에, 어렵다고 느끼는 거다. 다른 말로 하면 방법을 알고 글쓰기 훈련만 하면 자기소개서 정도는 쉽게 쓸 수 있다는 말이 된다. 방법은 이 책을 읽는 것으로 해결할 수 있다. 훈련은 그렇게 많은 시간을 필요로 하지 않는다. 숙지한 방법을 활용하여 자기소개서를 작성하고 틈날 때마다 퇴고하면서 다듬어 나간다면 좋은 자기소개서가 된다.

이러한 글쓰기를 통해 한 편의 자기소개서가 완성될 즈음에는 글쓰기 실력이 많이 향상된 것을 느끼게 될 것이다. 글쓰기는 쉽다고 했다. 연습만으로 충분히 잘할 수 있다고 했다. 앞으로 살아가자면 글을 써야 할 많은 상황에 부닥치게 될 것이다. 그럴 때를 대비해서라도 기본적인 글쓰기 능력은 갖추고 있어야 한다. 이때가 아니면 언제 다시 글쓰기를 할 기회를 갖게 될 것인가?

이왕 하는 것, 제대로 한번 해보겠다는 마음의 준비를 하자. 생각보다 그렇게 많은 시간이 필요하지 않다. 그리고 가능하면 미리 하자. 3학년 초가 되면 1, 2학년까지의 학생부 기재 내용이 결정된다. 그렇기에 시간이 있는 3학년 초에 미리미리 대비하면 좋다. 그래야 좋은 자기소개서가 된다. 글이란 것은 닦으면 닦을수록 빛이 난다. 미리 대비하지 못하였다면 집중해서 짧은 시간에 마무리할 것을 권한다. 시간이 많다고 절대 좋은 자기소개서를 쓸 수 없다. 글은 몰입하여 쓸 때 훨씬 효율적으로 쓸 수 있다. 다음의 TIP1이 제시하는 대로 하면 쉽게 자기소개서를 마무리할 수 있을 것이다.

TIP1 자기소개서 작성 뼈대

1. 이 책을 가볍게 두 번만 읽자. 필요한 부분은 메모하거나 형광펜으로 그어두자.
2. 학생부를 참고하여 항목별로 소재를 정하자. 이 책을 읽고 나면, 어떤 소재를 정해야 할지 감이 잡힐 것이다.
3. 소재를 정했다면 항목별로 일단 막 써보자.
4. 어느 정도 분량이 나왔다면 본문에서 제시한 SIAR-F(시알-F) 방식으로 재구성을 해보자.
5. 그런 후 다듬자. (선생님에게 첨삭을 받거나, 마음에 들 때까지 퇴고를 반복하자.)

자기소개서를 미리 쓰면 좋다는 것을 학생도 알고 있고, 선생님, 학부모 모두 다 알고 있다. 하지만 많은 학생이 7월이나 되어서야 자기소개서 작성을 시작한다. 심하게는 9월이 되어서야 시작하는 학생도 있다. 중요한 것을 알고 있으면서도 왜 그리 늦게 시작할까? 답은 딱 하나이다. '무엇을 어떻게 써야할 지'를 몰라 미룬 탓이다.

그렇다면 '무엇을, 어떻게' 쓰는지만 알면 수시 기간이 다 되어 급하게 쓰지는 않을 것이다. 이 책은 '무엇을 어떻게' 작성해야 하는지를 몰라 자기소개서 작성을 미루는 학생에게는 많은 도움이 될 것이다.

1장

자기소개서에 대해
우선 알아 둘 사항

자기소개서에 대해
우선 알아 둘 사항

*자기소개서 작성 시 주의 사항

1.자기소개서의 의미

학생부 종합전형의 자기소개서는 한마디로 말하자면, 학생부 설명서이다. 학생부에는 여러 가지 사항이 총체적으로 기록되어 있다. 그렇기에 한 가지 사실을 자세하게 기재하기에는 한계가 있다. 그것을 보완하기 위해서 자기소개서가 필요하다. 학생부에 요점만 기재된 사실에 대해 이렇게 자세하게 활동했다는 것을 보여주기 위함이다. 하지만 학생부에 기재된 모든 사항에 대해 자기소개서로 자세하게 작성할 수는 없다. 그렇기에 그중에 대표적인 것 몇 가지만을 선택하여 자기소개서로 작성하고 "다른 사항도 이렇게 활동했습니다."라고 설명하는 것이다. 즉 학생의 학생부를 보는 매뉴얼이 자기소개서에 해당한다고 할 수 있다.

자기소개서는 학생부에 기재된 내용을 기초로 하며, 총 4개의 항목으로 작성해야 한다. 1~3항은 대학교육협의회(대교협)에서 발표한 전국대학이 공통으로 사용하는 문항이다. 4번 문항은 대학별로 약간씩의 차이는 있으나 지원동기와 학업계획, 진로계획을 주로 묻고 있다. 자기소개서를 쓰기 시작할 때는 공통문항을 쓰든 대학별 문항을 쓰든 전공에 대한 것은 밑에 깔고 가야 한다. 전공과 관련된 직접적인 내용을 쓰거나, 간접적인 것이나, 전공에 기초가 될 수 있는 것을 염두에 두고 써야 한다. 자기소개서 문항을 요약하면, 1번은 교과, 2번은 학교생활, 3번은 인성, 4번은 대학별 문항이다.

학생부종합전형은 내신과 학생부와 자기소개서 그리고 교사추천서 등으로 학생을 평가한다. 내신과 학생부는 수시 철이 되면 어느 정도 확정이 되어있다. 학생부에는 총 10가지 항목이 기재된다. 1번은 인적사항, 2번 학적사항, 3번은 출결사항 4번 수상경력(외부 수상경력은 기재할 수 없다.) 5번은 자격증 및 인증 취득상황, 6번은 진로희망사항, 7번은 창의적 체험사항, 8번은 교과학습발당상황, 9번은 독서활동, 10번은 행동특성 및 종합의견 이렇게 구성되어 있으며, 학생의 3년 동안 학교생활이 들어있다. 자기소개서를 쓸 때쯤이면, 학생부는 이미 어느 정도 확정된 반면 자기소개서는 아직 확정되지 않았다. 학생부의 내용이 미비한 학생이라면 자기소개서로 어느 정도 만회할 수 있는 기회가 남아있다는 의미이다.

학생은 좋은 성적을 얻기 위해 열심히 공부한다. 하지만 모두 공부하는 방법이 같은 것은 아니다. 학원에 다닌다든지, 과외를 한다든지, 인터넷 동영상을 통해 학습한다든지, 동아리를 만들어 함께 공부한다든지, 이도 저도 아니면 혼자 공부를 한다. 자기주도 학습에서는 사교육 즉, 학원, 과외 등을 통해 공부한 것은 배제가 된다. 공교육의 범위를 벗어나 돈을 들여서 하는 공부법은 인정하지 않겠다는 의미이며, 자기소개서에도 적을 수 없다.

학생부와 자기소개서에는 외부 수상 등 학교장 허락이 없는 교외활동에 대해 기재할 수 없고, 부모의 직업 등이 드러나서도 안 되며, 어학 점수 등도 기재할 수 없다. 대교협에서 발표한 금지항목에 대해, 자기소개서를 작성하고자 하는 학생은 귀에 못이 박히도록 들었을 터이니 여기서는 간략하게 중요사항만 기술하겠다.

학생부종합전형은 공교육에 중점을 둔 사항이기에
작성하면 안 되는 사항

1. 공인어학성적 : 영어, 중국어, 프랑스어 등. 한자급수 시험 등.
2. 수학, 과학, 외국어의 교외수상실적 등
   수학 : 대외올림피아드, 경시대회 등.
   외국어 : 경시대회, IET 국제영어대회, IEWC, 전국영어말하기대회 등
   과학 : 한국올림피아드(물리, 화학, 생물, 천문, 과학, 등)
3. 기타 수학, 과학, 외국어 등 교과명이 언급된 각종대회
4. 조금이라도 의심이 되는 사례라면 선생님에게 써도 되는지에 대한 정
   확한 답을 구할 것을 권한다.

2. 표절 유사도 검사

표절, 대필에 대해서는 각 대학마다 유사도 검색 시스템으로 유사
도를 검사한다. 다른 사람의 것을 보고 그대로 적는 것이 아니면 표
절과 유사도에 걸릴 가능성은 희박하다. 물론 베끼지 않고 자신이 직
접 작성한 자기소개서도 유사도 점검을 하면 비슷한 문장이 발생할

수도 있다. 하지만 그것은 아주 미미한 정도라서 문제가 없다. 완료한 자기소개서의 유사도가 걱정된다면 유사도 검사를 하는 사이트가 있기 때문에 유사도 검사를 해보는 것도 방법이 될 수 있다. 아예 다른 사람이 쓴 자기소개서를 베낄 생각조차 말아야 한다. 유사도에 걸리면 자소서는 0점 처리되고 그것은 곧 불합격을 의미한다. 또한, 이 책에 기재된 예문은 단지 참고용이지 한 소절이라도 베끼면 안 된다.

  작성기재 금지 사항은 교육기관의 '공교육 정상화' 의지와 학생부 이외의 외부 사항이 자기소개서 심사에 영향을 미치지 않게 하겠다는 공정성의 의지가 반영되어 있다. 한마디로 말한다면 자기소개서는 얼마나 학교생활을 충실히 했는가가 판단 기준이 된다. 얼마나 자기 주도적으로 공부했으며, 학교생활은 얼마나 충실하게 했으며, 인성은 얼마나 갖추었으며, 왜 이 대학에 지원하게 되었는가, 그리고 어떻게 학업을 이어갈 것이며, 졸업 후 진로는 어떻게 할 것인가를 묻는 것이다.

* 자기소개서는 언제부터 준비해야 할까?

–자기소개서 작성 빨리 시작하자.

자기소개서 준비 기간은 학생마다 다르다. 시간을 두고 미리 준비하는 학생이 있는가 하면, 9월 초 학교가 결정되고 난 뒤에야 시작하는 학생도 있다. 두말할 필요 없이 자기소개서의 질적 완성도가 다를 수밖에 없다. 3학년 초부터 미리 준비하는 학생은 계속해서 보완해나갈 수 있지만, 수시 철이 되어서야 시작하는 학생은 보완할 시간적인 여유를 갖지 못한다. 학생의 게으름을 탓하자는 것이 아니다. 고3이 되면 공부 이외에도 신경을 써야 할 것이 많고, 급한 것을 우선적으로 처리하다 보니 당장에 급하지 않은 자기소개서는 뒷전으로 밀리게 된다. 그러다 보니 자신이 담고 싶은 내용을 충분히 담지 못하게 된다. 그래서 필자는 자기소개서 준비는 미리 하는 것이 좋다고 말하고 싶다. 빠르면 빠를수록 좋다고 말하는 것이다. 하지만 앞에서도 언급하였듯이 자기소개서 작성은 방법만 알면 그리 오랜 시간이 걸리지 않기에 미리 준비하지 않았다고 해서 크게 걱정할 필요는 없다.

자기소개서는 대입에 필요해서 작성하는 것이기는 하지만, 그 내용을 들여다보면 자신이 지원하게 될 학교에 대해, 전공할 과에 대해 심도 있게 생각할 수 있으며, 학업계획이나, 진로에 대해서도 미리 생각해볼 수 있는 기회를 가지게 된다는 의미도 있다.

면접 시에는 자기소개서와 학생부를 함께 펴두고 학생에게 질문한다. 학생의 가치관이나 사회관에 대해서도 질문을 하게 된다. 면접을 대비하면서 자기소개서를 적는 과정은, 자기를 돌아보게 하고 공부와 인생의 목표를 함께 생각해보는 기회가 되기도 한다. 어떤 의미에서 보면 자기소개서 작성을 시작하는 단계가 실질적인 대학입시의 시작이다.

자기소개서는 고3이 되면, 바로 작성에 들어가는 것이 좋다. 그래야 여유 있게 적을 수 있다. 앞에서 극단의 사례를 언급했지만, 보통학생들은 빠르면 7월 늦으면 9월 초에 시작한다. 필자는 늦어도 공통문항은 8월 말까지는 작성을 마쳐야 한다고 말하고 싶다. 왜냐하면 지원하는 대학이 9월 초에 결정되는 경우가 있기에 4번 문항은 그때시작해도 늦지는 않다. 하지만 8월 말까지 4번 문항의 기본 뼈대가되는 지원동기, 학업계획, 진로계획에 대한 부분을 미리 적어두면, 어떤 대학을 지원하더라고 4번 문항을 작성하기가 쉽다. 자기소개서마감은 대학별로 약간의 차이가 있지만 보통 9월 중순이다.

8월 말에서 9월 초가 되면 학생은 매우 바빠진다. 내신 시험, 수능준비, 모의고사, 생활기록부 수정, 지원 대학교 선정 등 중요하게 처리해야 할 것이 산더미다. 그러면 마음이 조급해진다. 여기에다 자기소개서까지 적어야 한다면 심리적으로 위축될 수밖에 없다. 그렇기에 미리 준비해두면 좋다는 것이다.

학생부 종합전형은 보통 4년제 대학의 경우 여섯 군데까지 지원할 수 있는데, 여섯 군데 모두 지원한다고 가정할 경우 원고지로 환산하면 거의 50장, 1만 자 내외가 되며 A4 용지로는 8매 내외 분량이다. 글의 갈래도 논술문에 가깝기 때문에 마음이 급해지면 쓰기가 쉽지 않다. 가장 좋은 시기는 3학년 초이며, 늦어도 7월에는 시작하자. 그런데 7월까지도 시작하지 못했다고 해서 걱정할 필요는 없다. 앞에서도 언급하였듯이 글은 몰입하여 쓰면 좋은 결과를 가져올 수 있다. 몰입하여 적다 보면 자기소개서 작성하는 데는 많은 시간이 필요하지 않을 수도 있다. 하지만 몰입하여 쓸 자신이 없다면 미리 쓰자. 자기소개서를 쓰려고 결심을 했는데, 막상 쓰려고 하니 무엇을 쓸지를 몰라 1달간 시간만 허비하는 경우도 보았다. 빠르면 빠를수록 좋지만, 늦었다고 실망할 필요는 없다. 늦었다면 몰입하여 쓰면 된다.

자기소개서 언제 작성하는 것이 좋은가?

1. 자기소개서는 3학년 초에 작성을 시작하자. 빠르면 빠를수록 좋다.

2. 늦어도 7월에는 시작하여야 한다.

3. 8월 말~9월 초는 수능준비, 내신대비, 학교 선택, 학생부 수정 등이 겹치게 되기에 무척 바빠진다. 더구나 자기소개서 작성까지 겹치면 심적 부담은 가중된다.

4. 자기소개서 작성하는데 실질적으로 소요되는 시간은 그리 많지 않다. 방법을 모르기 때문에 어렵고 시간이 많이 소모되는 것이다.

5. 8월 말까지 공통문항과 4번 문항의 기본 문제인 지원동기, 학업계획, 진로계획 부분은 미리 적어두는 것이 좋다.

* 소재 선정이 자기소개서 승패를 좌우한다.

　소재를 선정하려면 우선 생각해야 할 것이 자기소개서 평가의 기본이 되는 것을 생각해보아야 한다. 위에서 언급하였듯이 자기소개서 평가는 다음 6가지 범주에 속한다. 전형 적합성, 전공 적합성, 경험의 다양성, 자기 주도성, 학업 적합성, 인화 관련성 등이다. 첫 번째, 전형 적합성이란 학생부 종합전형에 어울리는 자기소개서인지를 판단한다. 두 번째, 전공 적합성이다. 자기소개서를 보고 이 학생이 지원한 전공에 적합한 학생인지, 전공에 기초가 되는 공부 및 활동을 얼마나 충실하게 했는지를 본다. 세 번째 경험의 다양성이란, 학교생활을 얼마나 충실하게 했는지를 보겠다는 거다. 공부만 한 학생인지 동아리 활동, 봉사활동, 기타 학생으로 할 수 있는 활동을 얼마나 다양하게 했는지를 평가하겠다는 것이다. 네 번째 자기 주도성은 공부를 어떤 방식으로 했으며, 자신만의 공부 방법이 있는지, 학교생활을 얼마나 자기 주도적으로 했는지를 평가하겠다는 것이다. 다섯 번째 학업 적합성은 지원하는 대학교에서 공부하기에 적합한지를 평가하겠다는 것이다. 마지막 인화 관련성은 인성이 얼마나 바르게 형성되었는지를 평가하겠다는 것이다.

많은 학생은 전공 적합성만을 생각하여 자기소개서를 작성하는 경향이 있다. 가령 수학과에 지원하는 학생이라면 1~3번 공통문항 대부분을 수학으로 채운다. 이러한 자소서는 경험의 다양성 측면에서 좋은 결과를 받을 수 없다. 필자는 전공과 관련되거나 기초가 되는 것과 기타 부분의 비율을 6:4 정도로 하면 좋다고 생각한다. 1번 문항은 어차피 전공과 연계된 것이 좋다. 문제는 2번 문항이다. 여기에 전공과 관련된 것과 관련이 없는 것을 각각 배치하자는 것이다. 3번 문항은 협력, 나눔, 배려, 갈등관리 부분이 들어가야 하니 봉사활동이나 학교생활에서 소재를 선택하는 것이 좋다.

　그러면 무엇을 선택할 것인가? 많은 학생이 어떤 소재를 선택해야 최선인지 모른다. 그리고 자신이 소재를 선택하더라도 이것이 적절한 선택인지 의문이 생기기 마련이고, 더 좋은 소재가 있지 않을까 고민하며 세월만 보낸다. 소재 선정하는 방법을 모르기 때문이다. 소재를 선정하려면 우선 학생부부터 꼼꼼하게 읽어보기를 권한다. 그러면서 소재가 될 만한 부분은 형광펜으로 색칠하고 나서 자기소개서 몇 번 항목에 어떤 방식으로 적용할지를 고민해야 한다. 형광펜을 4가지 색상별로 미리 준비하고, 학생부를 읽으면서 각 항목별 색상으로 줄을 그어두자. 그리고 정리를 하면서 검토를 하자. 자신이 없다면 아예 도표로 만들어보는 것도 한 방법이다. 다음 항목은 소재 분석한 사례이다.

– 학생부 기준 소재 분석표

순번	제목	내용	자소서 문항	학생부항목	전공연계여부	특기사항
1	2학년 지구과학	학생부 내용 참조	1항	세특	△	자기주도학습
2	2학년 확률과 통계	성적향상 사례	1항	세특	△	자기주도학습
3	1,학년 지구과학	뉴턴식 반사망원경	1항	세특	△	자기주도학습
4	1학년 물리	성적향상 사례	1항	세특	△	자기주도학습
5	과학기술 제전	체험활동	2항	창의 체험	△	교통카드 위주
6	PCBE 동아리	동아리 과제연구	2항	창의 체험	△	
7	과학 실험탐구	실험과정	2항	교내 활동	△	교내활동
8	창의 수학	구조물 만들기	2항	대회 참가	△	
9	교내과학 경시대회	화학부분	2항	대회 참가	O	
10	지리산 등반대회	천왕봉 등반	2항,3항	창의 체험	X	극기 훈련
11	과학관련 봉사활동	봉사활동	3항	창의 체험	△	43시간 나눔
12	기아 체험	월드비전	3항	창의 체험	X	나눔
13	농구	팀원 격려, 리더	3항	창의 체험	X	협력, 나눔
14	학급 총무부장	학급 면학분위기 조성	3항	창의 체험	X	협력, 갈등관리
15	과학 동아리	주도적 진행	2항	창의 체험	O	협력, 갈등관리
16	직업 프로그램	화학연구원	4항	창의 체험	O	진로와 연결
17	OLED 연구원	조사, 발표	4항	창의 체험	O	
18	진로 체험활동	롯데케미컬 방문	4항	창의 체험	O	화학연구원 꿈
19	동아리 활동	물병실험	2항	창의 체험	△	

한 학생이 만든 소재 분석표이다. 이렇게 자신만이 알 수 있게 도표를 작성해보면 소재 선정하기가 한결 수월해진다. 물론 여기서 빼고 추가하는 작업도 자신만이 할 수 있다. 이렇게 도표로 만들어 놓는다면 자신의 학교생활을 한눈에 볼 수 있다. 하지만 이렇게 도표를 작성하는 것은 하나의 방법일 뿐이며, 각자가 편한 방식으로 소재를 선정하면 된다.

TIP4

자소서는 스토리다. 경험을 글로 풍부하게 표현할 수 있는 것이 좋다. 그리고 위와 같이 도표로 만든 소재 리스트에서 하나하나의 항목을 깊이 검토하며 선정하자. 소재를 선택할 때 자신에게 의미가 깊고, 느낌을 잘 드러낼 수 있는 것이 좋다. 그리고 전공 적합성만으로 도배를 하지 말고 경험의 다양성과 융합적인 내용도 안배하자. 또한, 학생부에 많은 분량이 기재된 것을 가능하면 소재로 선택하자.

1. 공통문항 1번의 소재 선정

1번 문항은 학과목 중 하나를 선정하여 공부한 과정을 적는 것이 좋다. 여기에 전공 적합성과 자기 주도 학습 공부법이 드러나야 한다. 또한, 과정과 느낌이 중요하다. 1번 항목은 입학사정관이 학생의 자기소개서를 처음 대하는 부분이기 때문에 작성에 보다 신중을 기해야 한다.

1번 소재 선택은 전공과 연계된 것이나 기초가 되는 과목을 선정하는 것이 유리하다. 그런데 기계과 경제학과 등 고등학교 학업 과정에 없는 부분을 지원할 경우가 많다. 그럴 때는 전공과 최대한 유사한 과목을 선정하거나 전공 공부에 기초가 되는 과목을 적는 것이 좋다. 수학과나 화학과에 지원할 경우는 전공과 관련된 것을 적을 수 있지만, 의대의 경우는 고등학교 과정에 의학이 없으므로 전공과목을 적을 수 없다. 그럴 때는 전공에 기초가 되는 물리, 화학, 수학, 생물, 영어 등의 과목 위주로 소재를 선정하는 것을 권하며, 이과의 경우도 전공에 기초가 되는 과학, 수학, 영어 등이 좋다. 문과의 경우 윤리, 영어, 국어, 수학 등을 선택하면 된다. 하지만 꼭 정해진 룰이 있는 것은 아니다. 어떤 과목도 상관이 없다. 생물을 적어도 되고 지구과학을 적어도 된다. 자신의 공부 방법을 잘 드러낼 수 있는 것이면 어떤 과목이나 상관이 없다.

선택은 500자 소재 2개를 쓰거나, 1,000자 소재 하나를 선정하면 된다. 참고로 하나의 소재는 최소한 500자는 넘어야 자신의 의도를 잘 표현할 수 있다.

TIP5 **1번 문항 핵심**

1. 자기 주도 학습, 자신만의 공부법이 드러나게 작성할 것.
2. 전공, 전공과 연계가 되거나, 전공 공부에 기초가 되는 과목을 선정할 것.
3. 소재는 500자 2개 또는 1,000자 1개를 선정할 것.
4. 성적이 향상된 사례는 좋은 소재가 된다.

---

2. 공통문항 2번의 소재 선정

2번 문항의 경우 전공과 관계되는 활동과 일반 학교생활을 소재 별로 함께 적는 것이 좋다. 영문학과에 지원한다고 해서 1번, 2번 문항 전부를 영어와 관련된 내용을 적는 것은 경험의 다양성 측면에서 볼 때 바람직하지 않다. 글자 수가 1,500자이기 때문에 500자 소재 3개나 750자 소재 두 개, 혹은 한 개는 500자 한 개는 1,000자로 구성하기를 권한다. 만약 이과 학생이라면, 1~2개(1,000자 내외)는 과학 관련 동아리 활동이나 전공 공부를 하는데 기초가 되거나 관계가 있는 것을 쓰고, 나머지 하나(500자 내외)는 기타 학교행사나 학교생활로 구성하면 좋다. 문과 학생이라면, 역사, 국어, 영어, 윤리 등과 관련된 활동이나 학교생활을 쓰면 된다. 여기서 활동은 교내 활동으로 국한하고 있다. 교외 활동 중에 학교장의 승낙을 받은 것은 기재할 수 있다고 되어있는데, 이 부분이 애매한 경우가 많다. 그럴 때는 꼭 담임선생님에게 물어보고 작성해야 한다.

TIP6 **2번 문항 작성 핵심**

1. 소재 구성은 500자 3개나 1,000자 1개 500자 2개나 750자 2개로 구성하면 된다.
2. 1,000자 정도는 전공과 관련이 있는 소재를 선택하고, 500자는 기타 학교생활을 쓰자.
3. 교외 활동이나 애매한 것을 소재로 선택할 때는 반드시 선생님과 상담 후에 쓰도록 하자.

3. 공통문항 3번의 소재 선정

3번은 인성을 보는 문항이다. 문제가 요구하는 네 가지 항목이 나눔, 배려, 협력, 갈등관리이다. 이 네 가지는 인생을 살아가는 것에 기본이 된다. 인간관계에서 갈등이 생기지 않을 수 없으며, 그런 갈등상황을 어떻게 극복 내지는 관리했는가를 보겠다는 것이다. 또한, 자신만이 홀로 살 수 없는 것이 삶이다. 그런 삶을 살며 남과 더불어 협력하고, 자신이 가진 것을 나눌 수 있어야 하고, 남을 배려하는 삶이 가치 있는 삶이라는 의미가 내포되어 있다. 한 마디로 인생을 살아가는 데에 있어 필수적인 가치가 이 네 가지이다.

이러한 가치를 얼마나 3번 문항에 녹여낼 수 있는가가 관건이다. 갈등관리 부분은 학교생활을 하면서 팀원이나 친구 사이에서 갈등이 생긴 부분이 있으면, 그것을 소재로 극복하는 과정을 서술하면 된다. 그리고 나눔과 배려는 봉사활동을 한 경험에서 소재를 찾고, 협력은 동아리 활동이나 학급 생활에서 팀원들과 협력하여 이룬 성과를 서술하면 좋다.

글자 수는 1,000자이기 때문에, 500자 2개나 1,000자 하나로 구성하면 된다. 하나의 소재에 네 가지 가치를 다 적기는 힘이 든다. 그래서 두 가지 정도의 소재로 나누어 서술하는 것도 한 방법이다. 네 가지 가치 모두를 다 넣을 필요는 없다. 자신이 가장 잘 적을 수 있거나 의미가 큰 소재를 찾아 적자. 3번 문항은 학생의 인성을 보겠다는 의도이기 때문에 글을 서술해 나갈 때 항상 이 부분을 감안하여 적도록 하자.

TIP7 3번 작성 핵심

1. 이 문항이 요구하는 가치는 나눔, 배려, 협력, 갈등관리이다.
2. 1,000자에 네 가지 모두를 다 서술할 수는 없기 때문에, 500자 두 개로 나누어 서술하는 것도 하나의 방법이 된다.
3. 네 가지 가치 모두를 서술할 필요는 없다.
4. 배려와 나눔은 봉사활동에서, 갈등관리와 협력은 소모임이나 학급생활, 동아리 활동 등에서 소재를 찾으면 쉽게 서술해 나갈 수 있다.

TIP8 전체 소재는 몇 개가 적당할까?

1. 공통문항의 경우 총 3,500자이기 때문에 소재는 5~6개가 적당하다. 하나의 소재에 대한 글자 수는 제한이 없으나 500자, 혹은 1,000자로 작성하는 것이 활동을 잘 표현할 수 있다. 500자 2개로 하면 경험의 다양성을 표현할 수 있고, 1,000자로 하면 활동을 상세하게 표현할 수 있다.
2. 글자 수 확인 법(아래 한글의 경우) : 파일—〉 문서정보—〉 문서통계(글자 수 확인)

4. 대학별 문항 4번

4번 문항은 대학별로 다르다. 그렇지만 주된 내용은 지원동기, 학업계획, 진로계획이다. 이 부분은 대학별 서술에서 따로 설명하기로 한다.

*시알(SIAR)-F 작성법

학생이 쓴 자기소개서를 보면 완성도가 낮은 것을 자주 본다. 그 이유는 적절한 체계를 가지지 못했기 때문이다. 또한, 활동을 쓴 것이 아니라 자기가 한 것에 대한 항목만을 나열한 자기소개서도 흔히 볼 수 있다. 이것도 했고, 저것도 했다는 식이다. 그런 자기소개서는 좋은 점수를 받을 수 없다. 왜냐면 자기소개서는 결과를 보는 것이 아니라 과정을 보기 위함이기 때문이다. 결과는 학생부에 다 나와 있기 때문에 결과를 따로 나열하는 것은 의미가 없다. 자기소개서는 소재 한 가지를 활동과 과정 중심으로 자세하게 작성하고 느낀 점을 표현해야 한다.

작성 방법은 다음 다섯 단계(시알 - F)의 체계를 가지고 작성을 하면 아주 쉽게 작성할 수 있다. 시알 – F(SIAR – F) 기법은 S(Situation), I(Issue), A(Activity), R(Result)–F(Feel)이다. 우리나라 속담에 시알도 안 먹힌다는 말이 있다. 자기소개서는 한 마디로 시알이 먹히게 적어야 한다는 말이다.

TIP9 SIAR – F 5단계

1단계(S) : 상황(Situation) – 어떠어떠한 상황에서

2단계(I) : 이슈(Issue) – 쟁점, 문제가 된 것, 해결해야 할 것, 주제, 말하고자 하는 바 등

3단계(A) : 활동(Activity) – 이슈, 문제가 된 것을 해결하기 위해 취한 행동

4단계(R) : 결과(Result) – 그 행동으로 인한 결과

5단계(F) : 느낌(Feel) – 1~4단계를 거치며 느낀 점.

※내용에 따라서 Issue, Result가 생략되기도 한다.

※SIAR–FR의 방식을 취하기도 한다. 두 번째 R은 Relation을 의미한다. 느낀 점을 진학하여 전공 공부를 할 때 어떤 부분에 도움이 될 것이라고 연결하는 것도 하나의 방법이다. (이 사항은 필수 사항은 아니다.)

S - Situation 상황 : 모든 자기소개서의 출발은 상황에서 출발하는 것을 기본으로 한다. 가능하면 두괄식으로 작성할 것.

I - Issue 이슈 : 쟁점, 문제 제기, 주제, 본문에서 다룰 내용 등을 서술할 것.

A - Activity 활동, 행동 : 자세하게 구체적으로 서술할 것. 이 부분이 애매하면 결코 좋은 자소서로 평가받을 수 없다. 분명하게 시간 순이나, 일의 진행 순으로 작성하자. 다시 말하지만, 구체적인 활동이 들어가야 한다.

R - Result 결과 : 활동으로 인해 얻어진 결과를 적는다.

F - Feel 느낌 : 배우게 된 것, 알게 된 것, 과거와 변화된 점, 발전한 점, 진학 시 전공에 어떤 도움이 되는지 등

5단계에서는 느낀 점뿐만 아니라 새롭게 알게 된 것, 배운 점이나 이 경험 전과 후에 변화된 것을 쓰면 된다. 느낌을 쓰라면 막연해하는 학생들을 많이 본다. 간단하게 말하면 "~~ 을 통해 느끼게 되었습니다."가 말이 되면 된다. 즉 "~~"에 들어갈 내용이 느낌이라는 말이다.

TIP10

SIAR – F에서 주가 되어야 할 것은 활동(Activity)과 느낌(Feel)이다. 학생들이 쓴 자기소개서를 보면 느낌이 없는 경우와 미약한 경우, 그리고 활동(Activity)이 한 줄로 끝나버리는 경우를 많이 보게 된다. 그렇게 해서는 좋은 평가를 받을 수 없다. 행동은 자세하게, 느낌은 참신하게 적어야 한다.

*이것만은 알아두자

국어의 문법은 아주 복잡하다. 문법을 모르는데 어떻게 쉽게 글을 쓰느냐는 의문이 생길 것이다. 그 의문에 문법을 몰라도 글을 쓸 수 있다는 답을 내놓고 싶다. 문법을 무시하고 글을 쓰라는 것은 아니다. 기초적인 문법 몇 가지만 알아도 글 쓰는 것에는 큰 문제가 없다는 것이다. 다음 몇 가지만 알아도 글을 쓰는 데는 큰 불편함이 없다.

1. 띄어쓰기
   1) 단어와 단어는 띄어 쓴다.
   2) 조사 '은, 는, 이, 가, 을, 를, 에, 의' 등은 앞말에는 붙이고 뒷

말에는 띄어 쓴다.

　3) 워드(아래한글)로 작성하고 난 뒤 맞춤법 검사기를 통해 띄어 쓰기 검사를 하면 된다. 다음은 작가들이 많이 쓰는 한국어 맞춤법 검사기이다. 작성된 원고를 복사하여 붙여넣기 하여 검사하면 된다. http://speller.cs.pusan.ac.kr/PnuWebSpeller/

2. 문장은 짧게 쓰자. 한 문장이 60자 넘지 않게 작성한다는 생각을 가지고 쓰자. 문장이 길면 뜻이 명확해지지 않는다. 워드(아래한글) 한 줄이 글자 크기 10pt로 했을 때 45자 정도가 된다. 한 줄 반이 넘지 않게 작성하면 된다. 만약 문장이 길어진다면 반점(쉼표)으로 문장을 나누어주자.

3. 자신 없는 표현은 삼가자. 대표적인 것이' ~일 것이다. ~라 생각한다. ~일지도 모른다. ~라고 추측한다.' 등이다. '~이다.'로 단정적으로 쓰자.

4. 반복된 문장이나, 표현, 단어는 피하자. 간결하게 쓰자.

5. 하나의 문장에는 하나의 내용만 담자.

6. 표현은 구체적이고 선명하게 하자.

7. 비문은 주어와 술어가 호응이 되지 않거나 시제의 불일치 등에서 발생한다. 가령 〈어제 공부할 내용이 오늘 시험에 나와서 무척 좋았다.〉 '~공부할' 부분을 '~공부한'으로 수정해야 한다. 글

을 쓰다 보면 의외로 문장이 되지 않는 부분이 생긴다. 여러 번 읽어보고 퇴고를 해야 한다.

8. SNS 씩의 표현은 삼가자. ㅋㅋ, ㅎㅎ, ^^, ㅠㅠ 등

9. 본문 내용에 사투리나 비속어는 삼가자.

2장

공통문항 1번
자기주도 학습을
보여주자.

공통문항 1번 자기주도 학습을 보여주자.

* 공통문항 1번 문제와 해설

1. 문제 설명

1번 문항은 입학사정관이나 면접관이 처음으로 학생의 자기소개서를 대하는 문항이다. 그렇기에 좋은 인상을 줄 수 있도록 특히 신경써야 한다.

〈1번 문항〉

고등학교 재학 기간 중 학업에 기울인 노력과 학습 경험에 대해, 배우고 느낀 점을 중심으로 기술해 주시기 바랍니다. (1,000자 이내)

이 문항을 통해 지원한 학생이 고등학교 시절 어떻게 공부를 했는지

를 판단한다. 또한, 지원한 전공분야에 대한 노력과정이나 그 과정을
통해 본인의 깨달음은 어떠하며, 자기 주도적으로 학습했는지를 평가
한다. 다시 말하면 타의적으로 공부를 했는지, 스스로 의욕을 가지고
노력했는지를 판단하는 것이다. 그것을 토대로 대학에서 전공 공부의
학습이 가능한 지 여부를 평가한다. 다시 요약하면 다음과 같다.

2. 들어가야 할 주요 내용

1) 학과목(수학, 국어, 영어, 과학 등)과 직접적으로 관련된 스토리를
   적어야 한다. 스토리라 하면 어떤 상황에서 무엇이 이슈가 되었
   고, 그것을 해결하기 위한 행동은 어떠했으며, 결과는 어떠했고,
   그런 경험을 통해 무엇을 느꼈는지를 기술하라는 말이다.

2) 학생부에 기재된 내용을 토대로 전공분야와 관련된 학업에 대한
   파악

3) 전공분야와 관련이 없더라도 학업에 대한 경험 파악

4) 자신만의 공부방법

5) 자기 주도적 학습

6) 느낀 점, 변화된 점, 배운 것을 분명하게 표현하자.

TIP11 　1번 문항 작성요령

1. 자신의 공부한 내용을 좀 더 세부적으로 표현하고 싶으면(1,000자) 한 가지 소재, 적을 것이 많거나 경험의 다양성을 드러내고 싶으면 500자 소재 2개

2. STORY위주로 작성할 것. 자신의 실제 경험을 SIAR – F 뼈대로 작성

3. 자신만의 공부 방법, 학습 성과가 드러나게 작성, 자기 주도적 학습이 드러나게 작성

4. Activity, Feel 위주로 작성

5. 두괄식으로 작성하자.

6. 문제를 보면 '배우고 느낀 점'을 중심으로 적으라고 했다. 그 점을 항상 염두하고 서술해 나가야 한다.

*1번 문항 잘못 작성한 사례와 수정 후

이후부터는 사례를 SIAR – F로 분석하고 약자로 기재한다.

(S) : 상황(Situation) – 어떠어떠한 상황에서

(I) : 이슈(Issue) – 쟁점, 문제가 된 것, 해결해야 할 것, 주제, 말하고 자 하는 바 등

(A) : 활동(Activity) – 이슈, 문제가 된 것을 해결하기 위해 취한 행동

(R) : 결과(Result) – 그 행동으로 인한 결과

(F) : 느낌(Feel) – 1～4단계를 거치며 느낀 점.

1. 긴 문장과 느낌 부분 보강한 사례

-수정 전-

3년 동안 저는 제 학업 성취도를 올리기 위해서 많은 노력들을 해 왔습니다. (S : 상황) 1학년 때는 제가 많이 미숙하다고 생각했던 영어 실력을 보완하기 위해 점심회화수업을 신청했습니다.(I : 본문에서 다룰 내용) 실생활에 밀접한 대화들부터 유명한 강의들과 연설들을 들으면서 거기에 쓰인 표현이나 관용구들을 알아 보고 친구들과 그것들을 이용한 대화와 작문을 해 보았습니다. 〈평소 교과목 시간에 배우던 독해 지문들로만 다가오던 영어를 입 밖으로 꺼내는 것은 어떻게 보면 그리 엄청난 일은 아니지만 제게는 여태 적어가며 문장구조를 생각하던 일을 말을 하며 머릿속으로 해야 하는 것이 꽤 헷갈리기도 했습니다.〉 (A : 활동)그러나 수업을 거듭할수록 좀 더 자세하고 자연스러운 문장을 구사하게 되었습니다.(R : 활동으로 인한 결과) 항상 지문으로만 영어를 접하던 저에게는 아주 값진 경험이었습니다. 독해 지문을

읽을 때나 직접 작문을 할 때도 문법적 오류가 줄어들고 표현도 더 다양해졌습니다.(F : 활동하기 전과 변화한 점)

[평가 소견]
1) SIAR - F의 구성 형태로 잘 구성했다. 이 자체로도 큰 무리는 없지만 욕심을 부린다면
2) 〈　〉부분은 문장이 너무 길다.
3) 활동하기 전과 후의 변화한 점을 잘 적었다. 하지만 이러한 활동을 통해 어떤 점을 느꼈는지를 구체적으로 서술해주는 것이 더 좋다. ==>문제가 배우고 느낀 점 위주로 적으라고 했으니 그에 맞추어서 적는 것이 좋다.

−수정 후−

　"시도하지 않으면 실패도 성공도 없다." 영어를 문법과 시험문제 위주로 공부하다 보니 외국인을 만나면 말 한 마디 제대로 하지 못했습니다. (S : 상황) 그러던 중 1학년 때, 점심시간에 실시하는 회화수업이 있어 참여했습니다. (I : 활동에서 다룰 사항) 점심시간에 하는 공부가 효과가 있을까 생각했지만, 그래도 영어를 잘하고 싶었습니다. 실생활에 밀접한 대화, 유명한 강의, 연설 등을 들으며, 거기에

쓰인 표현이나 관용구에 대해 공부했습니다. 또한, 친구들과 그것을 이용하여 대화와 작문을 해보았습니다. 평소 교과목 시간에 독해 지문으로만 다가오던 영어를 입 밖으로 꺼내는 것은 쉽지만은 않았습니다. 그러나 회화수업을 거듭할수록 좀 더 자세하고 자연스러운 문장을 구사하게 되었습니다. (A) 독해와 회화를 할 때 문법적 오류가 줄어들고 표현도 더 다양하게 할 수 있었습니다. 점심시간을 활용한 회화수업 공부가 영어 실력을 향상하여 주었습니다. (R) 처음에 효과가 있을까 생각하며 망설이기도 했지만, 시도를 했기에 성과가 있었고, 무엇이든지 노력의 대가는 반드시 있다는 것을 느끼게 되었습니다. (F)

※수정 POINT

1) 두괄식으로 구성했으며,

2) 긴 문장이 짧아졌고,

3) 표현도 부드러워졌다.

4) 느낌 부분도 구체적으로 한 문장 속에 넣어 표현했다.

2. 적절하지 않은 작성 예

〈저는 선생님이었습니다. 가만히 앉아서 공부하기 보다는 말하고 쓰고 보며 공부를 하였습니다. 집에서 창문에 보드 마카로 선생님 흉내를 내며 공부를 했습니다. 하지만 고등학생이 되어 야자를 하고 기숙사 생활을 하게 되며 더 이상 떠들며 공부할 수 없게 되었습니다. 또한 문제집을 많이 풀어 성적을 올렸는데 참고서도 문제집도 없는 원서나 학교 자체 교재 때문에도 많이 힘들었습니다. 처음에는 제가 부족해서, 못해서 성적이 낮게 나온다고 생각하여 공부를 열심히 하였습니다. 밤늦게까지 공부하는 저보다 더 빨리 자고 더 많이 노는 친구들의 성적이 더 높을 때는 김이 빠지고 슬펐습니다. 하지만 주위 친구들 덕분에 제가 어디서 잘못 공부하고 어떻게 공부해야 하는지 알게 되었습니다.〉(S : 상황)

이제는 뭐를 더 초점을 맞춰 봐야하고 뭐를 많이 신경 쓰지 않아도 되는지 눈에 보이기 시작하였습니다. 나중에는 시험 전날, 전화기를 몇 시간동안이나 붙들면서 친구에게 설명해주고 가르쳐주기도 하였습니다. 사실 3년 동안의 제 학업은 아름답고 성공적이라고 할 수는 없습니다. (없어도 되는 부분)하지만 미래의 더 나은 저를 위해서는 뜻 깊은 시간이 되었고 학업에 있어 어려움을 겪어 보았기 때문에 누구보다도 더 성장할 수 있을 것이라고 생각합니다 이제는 저만의 학습방법을 찾아 정독실에 하루 종일 앉아 공부하기 보다는 벤치에 앉아 자연에서 떠들며 공부를 하기도 합니다. 이를 본 친구들도 저와 같은 방법으로 공부를 하며 서로의 꿈을 향해 나아가고 있는 중입니다. (A : 활동)

[평가소견]

1. 상황 부분이 너무 길다. 첫 번째 단락인 "저는~ 알게 되었습니다." 까지가 상황이다.

2. 상황 위주로 적는 것이 아닌 '활동과 느낌' 위주로 글을 써야 한다고 했는데, 상황이 길다보니 정작 행동부분에서 구체적인 공부과정이 드러나지 않는다.

3. 느낌 부분도 없다.

4. 글자 수도 750자로 부족하다. 1000자 이내라고 하면 970자 이상을 권한다. 자신을 표현할 수 있을 만큼 최선을 다해 표현해야 한다.

5. 공부 방법도 설득력이 떨어진다. 벤치에 앉아서 모든 공부를 할 수는 없다. 또한 시험 하루 전날 전화기로 몇 시간씩 친구를 가르쳤다는 것도 적절한 활동이라고 보기 어렵다. 그렇기에, 이 예문에서 다른 공부 방법이나 활동을 찾을 수 없다면, 차라리 다른 주제를 찾아 작성하는 것이 더 좋다.

3. 소재별 글자 수 안배를 잘못한 예

1-1

2학년 때 수학에 관련된 주제로 탐구를 하는 수학 프로젝트 대회에 참가했습니다. 저희 조는 '벡터그래픽의 수학적 원리'를 탐구 주제로 설정했습니다. 벡터그래픽은 픽셀이라고 불리는 사각형으로 이미지를 표현하는 기존의 방식과는 다르게 이미지를 함수로 표현하는 방식을 말합니다. 벡터그래픽을 컴퓨터에서 표현할 때는 '베지에 곡선'이라는 함수를 사용하고, 저희는 이것에 대한 탐구를 진행하였습니다. 조사를 하니 베지에 곡선의 원리에 대한 이해는 되었지만, 함수식은 이해하지 못했습니다. 식 중간에 처음 보는 기호가 있었던 것입니다. 다른 친구들도 그 기호를 이해하지 못해서 난관에 빠졌습니다. 저는 기호가 어디에서 나온 것 인지 파악하기 위해 예시로 제시된 그래프를 이용해 함수식을 유도해 보았습니다. 그러자 함수식이 이항정리로 표현 되어있고, 그 기호는 조합을 나타낸다는 것을 알게 되었습니다. 저는 이 경험을 통해 어려운 수식이라도 파고들며 그 식의 의미를 알아내고, 식을 유도하며 수식에 숨겨진 뜻을 찾아내는 재미를 느꼈습니다. 또, 잊고 있던 이항정리에 대한 내용을 다시 찾아보게 되면서 단순하게 책으로 배우는 것 보다 몸으로 느끼는 경험을 통해 뭔가를 배우는 것도 중요한 공부라는 것을 느꼈습니다.[615]

1-2

 고등학교에 와서 영어 과목에 흥미를 느꼈습니다. 이전과 달리 서로 다른 주제를 가진 여러 짧은 지문을 공부하게 되었고, 자연스레 여러 분야의 지식을 접하게 되었기 때문입니다. 차츰 영어 지문을 읽는 것이 재미있게 되었고, 늘어가는 영어 실력을 보며 저 자신도 뿌듯해 졌습니다.(S) 한번은 수업시간에 양수발전에 대한 지문이 나온 적이 있었습니다. (I)저는 양수발전소에 견학을 다녀온 적이 몇 번 있었기 때문에 그에 대해 잘 알고 있었고, 선생님께서는 지문을 읽기 전에 양수발전에 대해 설명하도록 하셨습니다. (A) 설명이 끝난 후 친구들이 고개를 끄덕이는걸 보며,(R) 제가 잘 알고 있는 분야에 대한 지식을 다른 사람과 나누는 것이 즐거운 일이란 것을 느꼈습니다.(F)[360]

 (976자)

[평가 소견]

1. 이 예문은 두 부분으로 나누어져 있다. 1-1은 수학이고, 1-2는 영어이다. 그런데 자세하게 분석해보면 1-1은 615자로 자세하게 표현된 반면, 1-2는 360자 밖에 되지 않는다. 그러다 보니 1-2는 활동 부분도 빈약하고 느낌 부분도 억지스러운 면이 보인다.

2. 이 자기소개서는 1-1 중에 필요 없는 말을 줄이고, 1-2 부분에 활동과 느낌을 보강하면 좋다.

3. 1번 문항을 2가지 소재로 구성할 경우 글자 수는 500자 두 가지가 적당하다. 500자가 안 되면 활동과 느낌을 적절하게 표현하기 힘들다.

-수정 후-

2학년 때 '벡터 그래픽의 수학적 원리'라는 주제로 조별 수학 탐구 프로젝트 대회에 참가했습니다. (S) 벡터그래픽은 사각형으로 이미지를 표현하는 기존의 방식과는 다르게 함수로 이미지를 표현하는 방식으로, 저희는 벡터 그래픽의 원리인 '베지에 곡선'에 대해 탐구했습니다. (I) 조사를 하니 베지에 곡선의 원리에 대한 이해는 되었지만, 곡선을 나타내는 함수식은 처음 보는 기호가 있었기에 이해하지 못했습니다. 저는 기호를 이해하기 위해 예시로 제시된 그래프와 원리를 이용해 함수식을 유도해 보았습니다. 그러자 함수식이 이항정리로 표현되어있고, 그 기호는 조합을 나타냄을 알게 되었습니다. (A) 저희는 이 함수식의 원리를 이용해 실제로 벡터 이미지를 제작해 보았고, 이를 바탕으로 ppt를 만들어 친구들 앞에서 발표했습니다. (R) 어려워 보이는 수식이라도 원리를 이용해 파고든다면 이해할 수 있다는 자신감을 가질 수 있었고, 수학을 학교에서 배우는 단순한 교과목이 아닌, 컴퓨터라는 다른 분야와 융합해 새로운 걸 만들 수 있는 학문으로 느끼게 되었습니다. (F) [519]

회화위주로 영어를 공부하다 보니 읽기와 쓰기를 잘 못했습니다. 그런데 고등학교 영어는 많은 글을 읽어야 했고, 익숙하지 않았던 저는 문제풀이에만 급급했습니다. 하지만 그런 방법에는 한계가 있었고 오히려 영어가 더 어렵게 느껴졌습니다. (S) 그러다가 수업시간에 양수발전에 대한 지문을 대했습니다. (I) 다른 친구들은 양수발전이 뭔지 잘 모르고 있었지만, 저는 관심분야였기 때문에 그 지문을 완벽하게 읽을 수 있었습니다. 이 수업시간 이후로 저는 제 관심사와 맞는 글을 찾아 읽기 시작했습니다. 해외 커뮤니티 사이트에 가입해 여러 글을 읽고 외국인과 토론하기도 하고, 소설책을 원서로 읽다보니 글 읽는 것도 익숙해졌습니다. (A) 점점 글을 읽는 속도도 빨라지고, 나중에는 한글로 해석을 하지 않아도 글을 읽을 수도 있게 되었습니다. (R) 잘 못하는 것이라도 흥미를 가진다면 잘 해낼 수 있다는 것을 배웠고, 무슨 일이든지 재미를 붙여서 하는 자세를 가져야겠다고 생각했습니다. (F) [478]

1. 기존 1-1 [615자]—〉[519자]로 줄임. 필요 없는 부분을 줄이며 글자 수를 줄임.

2. 기존 1-2 [360자]—〉[478자] 1-1에서 얻은 글자 수로 활동과 느낌 부분을 보강함.

4. 느낌이 빠진 자소서

-수정 전-

-敎學相長 (가르쳐 주거나 배우거나 다 나의 학업을 증진 시킨다)-

　정확한 풀이 과정을 이해하기 보다는 문제를 많이 푸는 것이 저의 오래된 수학 공부법이었습니다. 그러다보니 간신히 1등급을 받을 수 있었으나 세세한 풀이 과정을 요구하는 서술형 시험에서는 항상 기대에 미치지 못하는 점수를 받았습니다. 이러한 수학 공부법에 한계가 있음을 스스로 느꼈고, 수학은 오랜 시간 해결해야 할 과제로 남아있었습니다.(S) 그러던 중 친한 친구가 학교에서 실시하는 '상호학습도우미'에 함께 참여하지 않겠냐고 제안하였습니다. (I)

　'상호학습도우미'는 4명의 친구들이 담당 과목을 정하여 mentor

역할을 맡고, 매주 정해진 범위의 수업을 준비해오는 방식으로 진행되었습니다. 수업을 진행하려면 단순히 공식 위주로 공부했던 이전과는 달리 철저한 이해와 깊은 탐구가 필요하였습니다. '미분과 적분'을 가르칠 때는 '라이프니츠와 뉴턴의 미적분 논쟁' 이야기, '함수'를 가르칠 때는 데카르트의 파리 이야기부터 시작하여 해당 공식의 유도과정까지 꼼꼼히 공부해갔습니다. 수학이 어려운 친구들에게는 개념 위주의 수업이 다소 지루하게 느껴질 수 있기 때문에 저는 교과과정에 나오는 개념뿐만 아니라 그와 관련된 배경까지도 다루었습니다. 어떤 때는 친구의 어려운 수학 문제 질문에 답을 못해준 적도 있었습니다. 그러면 스스로 생각하는 힘을 기르고자 30분이 넘게 걸리더라도 함께 머리를 맞대고 고민하였습니다. '여기서 왜 이런 공식이 사용되었지?', '나는 이렇게 풀었는데 다른 풀이 방법은 없을까?'라는 고민들을 통해 다각적으로 문제에 접근하기 시작하였습니다. (A) '상호학습도우미'를 꾸준히 함으로써 수학에 대한 자신감이 점점 생겨났고, 수업시간에도 자발적으로 손을 들어 어려운 문제 풀이도 발표하기 시작했습니다. '상호학습도우미'에서의 mentor 역할은 다른 친구들에게 도움을 줄 수 있었을 뿐만 아니라 고등학교 3년 내내 수학에서 우수한 성적을 얻을 수 있었던 자양분이었습니다. (R)

(977)

[평가소견]

1. 글의 흐름이 좋다.

2. 문장의 길이도 적당하며, 비문도 보이지 않는다.

3. 하지만 결과에서 내용이 그쳐 버렸다. 느낌 부분을 보강하는 것이 좋다.

-수정 후-

-教學相長 (가르쳐 주거나 배우거나 다 나의 학업을 증진 시킨다)-

　a. 풀이 과정을 이해하기보다 많은 문제를 푸는 것이 저의 수학 공부법이었습니다. 간신히 1등급은 받을 수 있었으나, 세세한 풀이 과정을 요구하는 서술형 시험에서는 항상 기대에 미치지 못하는 점수를 받았습니다. (S) 이러한 수학 공부법에 한계가 있음을 스스로 느끼고 있던 중, 친한 친구가 학교에서 실시하는 '상호학습도우미'에 함께 참여하자고 제안하였습니다. (I) '상호학습도우미'는 4명의 친구들이 담당 과목을 정하여 mentor 역할을 맡고, 매주 정해진 범위의 수업을 준비해와 가르치는 방식으로 진행되었습니다. 저는 수학을 담당하였는데, 수업을 진행하려면 단순히 공식 위주로 공부했던 이전과는 달리 철저한 이해와 깊은 탐구가 필요하였습니다. '미분과 적분'

을 가르칠 때는 '라이프니츠와 뉴턴의 미적분 논쟁' 이야기, '함수'를 가르칠 때는 데카르트의 파리 이야기부터 시작하여 해당 공식의 유도과정까지 꼼꼼히 공부해갔습니다.

수학이 어려운 친구들에게는 개념 위주의 수업이 다소 지루하게 느껴질 수 있기 때문에, 저는 교과 과정의 개념뿐만 아니라 그와 관련된 배경까지도 다루었습니다. 어떤 때는 친구의 어려운 수학 문제 질문에 답을 못해준 적도 있었습니다. 그러면 생각하는 힘을 기르고자 30분 넘게 친구와 함께 머리를 맞대고 고민하였습니다. 그런 과정을 그치며, '여기서 왜 이런 공식이 사용되었지?', '나는 이렇게 풀었는데 다른 풀이 방법은 없을까?'라는 고민들을 통해 다각적으로 문제에 접근하기 시작하였습니다. (A).'상호학습도우미'를 꾸준히 함으로써 수학에 대한 자신감이 점점 생겨났고, 저의 기존 수학 공부법의 한계였던 서술형 시험에도 자신이 생겼습니다. '상호학습도우미'에서의 mentor 역할은 다른 친구들에게 도움을 줄 수 있었을 뿐만 아니라 고등학교 3년 내내 수학에서 우수한 성적을 얻을 수 있었던 자양분이 되었습니다. (R) 또한, 혼자보다 함께 할 때 시너지가 발생하여 그 효율은 배가 된다는 것을 느낄 수 있었습니다. (F)

※수정 POINT

1. a. ~~서술형 시험에서 기대에 미치지 못하는 점수를 받았습니다. (문제) (S) 상황 부분

2. 그런 문제를 해결하기 위해 이런 활동을 했다. (A) 활동 부분

3. 줄친 부분 활동의 결과 : a. '서술형 시험에서 기대에 미치지 못하는 점수를 받는' 문제가 해소되었다. (R) 결과 부분

4. (F) 느낌 부분 보강

5. SIAR − F 기법으로 바꾸어 서술한 사례

−수정 전−

수업준비를 철저히 하고, 수업시간에 집중하고, 이해가 되지 않는 부분은 담당 선생님을 따라다니면서까지 꼭 질문하고 해결방법을 끈기 있게 찾고자 하는 나의 습관과도 같은 공부법은 모든 과목에도 해당되지만 특히 수학, 과학에 가장 많은 노력을 기울였습니다. (긴 문장)수학은 교과서에 수록된 고난도 문제와 증명문제들은 꼭 넘기지 않고 주어진 조건을 분석하여 식을 세우고, 그래프를 활용하기도 하고, 다양한 방법의 접근법을 고민하고 나 자신만의 풀이법을 정리하여 오답 노트화 하였습니다. 그런 과정들이 반복되고 누적되어 수학

만점을 받을 수도 있었고, 수학경시, 수리유레카대회에서 상을 받기도하여 공부방법에 더욱 자신감을 가지게 되었습니다. 다양한 접근법을 통하여 얻어진 풀이 방법들은 또래학습동아리에서 동아리장으로서 친구들에게 정확하게 알려주는 반복과정을 통해서 이해하고 있는 부분을 다시 확인하며 자연스레 복습의 기회가 되었고, 꾸준한 오답노트와 학습일지 작성을 통하여 성실히 주어진 과제를 수행해나가는 인내심과 문제해결력을 기를 수 있었습니다.

[평가 소견]
1. 전체적으로 체계가 없이 서술된 글이다.
2. 수학과 과학에 노력을 기울였다고 했는데, 수학만 언급하고 과학 공부 부분은 구체적으로 명시되지 않음. 수정 후는 수학만을 다루었다.

–수정 후–

협력이 주는 "+@". 수학은 제게도 넘어야 할 큰 산이었기에, (S) 무작정하기보다는 공부 방법을 계획하고 실행했습니다. (I) 먼저 수업에 집중하며, 교과서의 고난도 문제와 증명 문제들은 그냥 넘어가지 않고 주어진 조건을 분석하여 식을 세우고, 그래프를 활용하며 풀었습니다. 또한, 하나의 문제를 여러 관점에서 바라보는 다양한 접근법을 고민했습니다. 이해가 안 되는 부분은 선생님께 질문하는 등 해결방법을 찾고자 끈기 있게 노력했으며, 나만의 풀이 방법을 정리하여 오답 노트를 만들었습니다. (A) 그런 과정들이 누적되자 수학 만점을 받을 수 있었고, 수리유레카대회에서 상을 받기도하여 수학에 더욱 흥미와 자신감이 생겼습니다. (R) 또한, 또래학습동아리 장을 맡아 친구들과 제가 알게 된 지식을 공유했습니다. (A-1) 그런 과정을 통해 자연스레 복습이 되었고, 서로에게 시너지 효과가 되어 저와 친구들의 수학 성적이 동반 향상되기도 했습니다. (R-1) 이처럼 혼자만이 아닌 서로 협동하며 하는 공부를 통해 협력의 중요성을 깨닫게 되었습니다.(F) [498]

※수정 POINT

아래는 같은 내용을 SIAR - F기법으로 재구성하였다.

S-수학은 제게도 넘어야 할 큰 산이었기에,

I-무작정 하기보다는 공부 방법을 계획하고 실행했습니다.

A-먼저 수업에 집중하며, 교과서의 고난도 문제와 증명문제들은 그냥 넘어가지 않고 주어진 조건을 분석하여 식을 세우고, 그래프를 활용하며 풀었습니다. 또한, 하나의 문제를 여러 관점에서 바라보는 다양한 접근법을 고민했습니다. 이해가 안 되는 부분은 선생님

께 질문하는 등 해결방법을 찾고자 끈기 있게 노력했으며, 나만의 풀이 방법을 정리하여 오답 노트를 만들었습니다.

R-그런 과정들이 누적되자 수학만점을 받을 수 있었고, 수리유레카 대회에서 상을 받기도 하여 수학에 더욱 흥미와 자신감이 생겼습니다.

A-1또한, 또래학습동아리 장을 맡아 친구들과 제가 알게 된 지식을 공유했습니다. 그런 과정을 통해 자연스레 복습이 되었고,

R-1서로에게 시너지 효과가 되어 저와 친구들의 수학 성적이 동반 향상되기도 했습니다.

F-이처럼 혼자만이 아닌 서로 협동하며 하는 공부를 통해 협력의 중요성을 깨닫게 되었습니다.

6. 1000자를 500자로 줄인 사례

-수정 전-

책 '박사가 사랑하는 수식'에 나오는 구절입니다. 제가 처음 이 구절을 읽었을 때는 이 구절을 이해하지 못했습니다. 그 당시 저에게 수학이란 해도 잘 늘지 않은 과목, 분명히 평소 풀 때는 잘 풀리는데 시험만 치면 머릿속이 하얘지는 과목이란 생각을 해왔습니다. 성적

이 잘 나오지 않자 수학에 흥미는 떨어져 갔고 수학 공부는 더 안 해지는 악순환이 반복되었습니다. 그러던 중 문제를 풀다 사이클로이드 곡선이라는 것을 알게 되었고 관심이 생겨 찾아보니 사이클로이드 곡선은 최단 강하선이며 매가 사냥할 때 이 곡선을 그리며 강하한다는 것을 알게 되었습니다. 그리고 사이클로이드 직선이 최단 강하선이라는 것을 선생님의 도움을 받아 수식을 세워 증명해보았습니다. 더 나아가 꽃잎 속의 피보나치 수열 등 일상생활 속의 담겨있는 수학원리들을 찾아 탐구해보았습니다. 일방적으로 수학을 배운 것이 아닌 스스로 의문을 가지고 탐구해나가며 수학의 재미를 느꼈습니다. 수학을 답을 내기 위한 도구가 아닌 수학 그 자체라는 것을 인식하게 되었고 '박사가 사랑하는 수식'의 박사가 말한 수학의 아름다움을 조금이나마 느낄 수 있었습니다. 그렇게 수학에 대한 인식이 바뀌고 조금 더 객관적으로 저의 상황을 바라볼 수 있게 되었습니다. 그동안 저는 문제가 긴장 때문이라 생각을 하여 긴장을 풀기 위한 방법들을 고민하고 여러 시도를 해봤습니다. 하지만 긴장을 풀기 위한 가장 좋은 방법은 당연하지만, 문제를 풀어내는 것으로 생각하였습니다. 그래서 문제들을 유형화하여 정리한 다음 각 유형에 맞는 풀이를 여러 개 준비하여 풀이를 고민하는 시간을 줄이려고 하였습니다. 예를 들어 기하와 벡터 과목의 경우에는 도형으로 간단히 풀어내더라도 좌표를 일일이 잡아 푸는 것을 연습하여 시험에서 풀이가 생각나지 않았을 때 오래 걸리지만 좌표를 모두 다 잡아서라도 풀어낼 수 있게 하였습니다. [919]

[평가소견]

1) 1번 문항은 사정관이 처음으로 대하는 문항이기에 중요하다. 그런데 글이 횡설수설해버리거나 의미가 왔다 갔다 해버리면 좋은 인상을 주기 어렵다.

2) 윗글은 글이 체계적으로 서술되지 못하였고, 느낀 점도 선명하게 드러나지 않는다.

3) 문장이 길어 읽기에 힘이 든다.

4) 차라리 500자로 줄이고 다른 소재를 하나 더 선정하여 서술하는 것이 바람직하다.

5) 아래 수정 후는 수정 전의 내용을 500자로 줄이고 다른 소재를 하나 더 추가하여 작성한 사례이다.

-수정 후-

〈1-1〉

"재미있게 하는 것이 더 잘하게 되는 것." 수학은 해도 해도 늘지 않아, 흥미가 떨어져 더 안 하게 되었습니다. (S : 상황) 그러던 중 사이클로이드 곡선을 접했고, 이 곡선은 최단 강하선이며 매가 사냥할 때 이 곡선으로 강하한다는 것을 알게 되었습니다. 그래서 선생님의 도움을 받아 수식을 세워 증명해보았습니다. 그러다 보니 수학에 재미가 생겼습니다. 더 나아가 꽃잎 속의 피보나치수열 등 일상생활 속에 담겨있는 수학 원리들을 찾아 탐구했습니다. 일방적으로 암기하는 것이 아닌 스스로 의문을 가지고 탐구하니 수학은 한층 더 재미가 있어졌습니다. 그러자 공부하는 방법에도 변화가 생겼습니다. 예를 들어 기하와 벡터에서 도형으로 간단히 풀 수 있는 문제라도, 좌표를 잡아 푸는 것을 연습하였습니다. (A : 활동) 이렇듯 문제를 유형화하여 한 문제를 여러 가지 방법으로 풀어보는 것으로 바꾸었습니다. (R : 결과) <u>수학을 공부하면서, 무슨 일을 할 때 억지로 하기보다는 의문을 가지고 스스로 탐구해 나간다면, 훨씬 더 재미있게 문제를 해결할 수 있음을 알게 되었습니다.</u>(F)

※수정 POINT

1) 장황한 말을 줄이고 SIAR – F 형태로 변환하였다.

2) 줄 친 부분은 느낌 부분(활동을 통해 알게 된 부분)을 명확하게 서술했다.

3) 1000자를 500자로 줄임으로써 경험의 다양성을 보여줄 수 있는 소재 하나를 더 활용할 수 있게 되었다. 아래 〈1-2〉는 〈1-1〉을 줄임으로써 확보한 글자 수를 가지고 다른 소재 하나를 더 작성한 사례이다.

〈1-2〉

"서로의 장점으로 서로의 단점을 극복한다." 3학년 때 자율동아리를 만들었는데, 조원 한 사람이 한 과목씩 심층적으로 공부한 후 설명해주는 활동이었습니다. 또한, 어려운 문제를 함께 풀며 서로의 부족한 개념을 잡아내고, 보다 좋은 풀이 방법을 연구하며 같이 성장해 갔습니다. (S) 동아리에서 가장 좋았던 부분은 자신만의 풀이 방법을 알려주는 시간이었습니다. (I) 옆 친구가 금속의 반응성 문제를 어려워하는 것을 보고, 제가 쓰고 있는 금속이온과 석출된 금속의 몰수 변화를 표로 간단하게 나타낼 수 있는 방법을 알려주었습니다, 또한, 그 친구는 제가 힘들어했던 다인자 유전, 중간 유전 등이 여러 개 연관된 유전 문제를 쉽게 푸는 방법을 알려주었습니다. (A) 이러한 공부 방법은 서로의 장점으로 서로의 단점을 극복하는 모두가 승리하는 공부방법이 되었습니다. (R) 공부뿐만 아니라 어떤 일을 할 때에도 혼자보다는 함께할 때, 지치지 않고 즐겁게 할 수 있다는 것을 느

껐습니다. (F)

1. 500자 2개(다른 소재)로 구성한 사례 1

〈1-1〉

"기초와 원리는 모든 공부의 디딤돌" 1학년 1학기 때, 수학 성적은 생각했던 것보다 낮아 많이 실망했습니다. (S) 스스로 원인을 분석해 보니, 좋은 점수 받는 것에만 급급한 나머지 기초를 등한시하며, 막연히 문제만 열심히 풀었다는 것.(I) 그때서야 선생님, 선배들이 수학은 기초가 중요하다고 한 말이 생각났습니다. 그래서 저는 1학년 여름 방학 보충수업 때, 수학1에서 놓친 개념을 원리 note를 만들어 정리하였고, 선생님에게 궁금한 점들을 물어보면서 기초를 다졌습니다. 또한, 문제를 풀고 채점한 후에 바로 답지를 보는 습관이 제 수학적 사고력을 해친다고 생각하여, 학교나 도서관을 갈 때면 답지를 두고 다녔습니다.(A) 그 결과 점점 수학 성적은 향상되기 시작했으며, 2학년 2학기, 처음으로 수학에서 1등급을 받았고 그 이후 수학 과목은 계속 1등급을 유지했습니다. (R) 성적이 향상된 비결은 기초와 원리를 중시하는 습관이라고 생각했으며, 이러한 생각은 수학뿐만 아니라 모든 과목에도 적용될 수 있다고 생각했습니다. 그래서 이 원리를 다른 과목들에도 적용해보니 학년이 올라갈수록 성적이 향상되었습니다.(F)

〈1-2〉

"화학은 실험을 통해 말한다." 막연했던 화학이 선명해진 것은 학교에서 개설된 화학 실험 소인수 수업을 통해서였습니다. 처음에는 수업이 굉장히 어려워서 다 이해하지는 못했습니다. (S+I) 그러나 부산대학교 화학 교육과 교수님께서 이해하기 어려운 내용도 쉬운 말들로 풀어서 설명해주셔서 이해를 도와주셨습니다. 물에다가 헥세인에 녹인 스테아르산을 떨어뜨려 단층막을 형성하여 아보가드로수를 계산하는 것과 같은 실험들을 수행하였습니다. 다양한 실험 도구를 직접 사용해보고, 결과가 가설과 다르게 나올 때는 친구들과 무엇이 잘못되었는지에 대해 토론을 하고 실험을 다시 반복하는 과정을 통하여 화학의 묘미를 느낄 수 있었습니다. (A) 화학에 관심을 가지게 되면서 자연스럽게 화학 성적이 상승하였습니다.(R) 또한, 대학교에 진학하여 더욱 폭넓게 화학을 공부하여 현재의 영역보다 더 발전된 영역을 개척하고 싶습니다.(R)〈972자〉

2. SIAR – F 형식에 충실하게 작성한 사례

–의대에 지원하는 학생이라 전공에 기초가 되는 생명과학과 수학을 선택하여 작성함.

〈1-1〉

'백문이 불여일견"이라는 말도 있지만, 백 번 듣고 보는 것보다 한번 실행하는 것이 더 낫다고 생각합니다. (두괄식) 2학년 생명과학 내용 중 인체 구조 부분이 너무 신기했습니다. 더 자세하게 알고 싶어 인터넷을 검색하고, 관련 서적을 찾아 읽었지만 부족함을 느꼈습니다. (S) 그러던 중, 직접 실험을 통해 생명과학의 다양한 내용을 배울 수 있는 소인수 과정을 접했습니다. (I) 소인수 수업에서 그 구조가 사람과 유사한 돼지의 몸을 해부하였습니다. 돼지의 심장을 해부하면서는 그 속의 근육과 이천판, 삼천판 등의 판막을 관찰하였습니다. 그 외에도 식도, 폐와 간 등의 내장기관을 해부하여 관찰하였습니다. (A) 이러한 실험을 통해 심장 등 내장기관의 구조가 단순히 만들어진 것이 아니라 효율적인 생명 활동의 필요에 의해, 오랜 세월 동안 많은 변화를 거쳤다는 것을 알게 되었습니다. (R) 이렇듯 단순히 책에서 배우는 것보다 경험으로 체득하는 것이 더 다양한 지식을 배우는 또 다른 유형의 공부임을 알게 되었습니다. (F)

〈1-2〉

　학과의 공부도 중요하지만, 남에게 도움을 주는 마음은 더욱 중요합니다. (S) 1학년 때 수학 선생님은 심화 문제나 심화 원리로 모둠 수업을 자주 진행하였습니다. (I) 주어진 문제를 모둠별로 토론한 후 문제 풀이나 원리에 대해 발표하는 방식이었습니다. 저는 토론을 주도하고 부족한 부분을 파악하여, 그 원인과 결과에 대해 친구들 앞에서 발표하였습니다. 그런데 모둠원 몇몇 친구들이 수식을 그래프로 만드는 등의 문제를 이해하기 어려워했습니다. 그 친구들을 개인적으로 만나 부등식의 영역을 좌표평면에 나타내는 원리에 대해 설명해주는 등 공부에 도움을 주었습니다. (A) 그런데 친구들을 돕겠다고 한 행동이 오히려 저에게 더 도움이 되었습니다. 문제를 풀이해줄 때마다 복습이 되어 제가 몰랐던 부분까지 알게 되었습니다. (R) 이런 활동을 통해 도움은 능력이 있는 사람이 일방적으로 주는 것이 아니라, 줌으로써 더 큰 것을 받을 수 있다는 걸 알게 되었습니다.(F)〈969자〉

3. 하나의 과목으로 500자 소재 2개로 구성한 사례

〈1-1〉

　문화예술의 대중화에 기여하는 큐레이터가 되는 것이 저의 꿈입니다. (S: 상황) 다양한 국적의 작가, 관객과 의사소통하기 위해서는 영어가 필수라고 생각했습니다. (I : 본문에서 다룰 내용) 그래서 많은 어휘와 영어 표현을 익히기 위해 'The giver', 'Gathering of Pearls'와 같이 가볍게 읽을 수 있는 영어원서부터 읽었습니다. 이해가 되지 않는 부분이나 모르는 어휘 등은 문맥적으로 추론하는 과정을 거치며 사고력을 기를 수 있었고, 정확한 의미파악을 위해 한국어 번역본과 비교하며 영어 구문을 익혔습니다. 이를 매주 다양한 주제로 저널을 작성하는 데 활용하여 원어민 선생님들께 좋은 평가를 받았고, 뉴욕의 랜드마크와 재생 가능한 에너지에 대해 발표하는 수업에서도 유창하게 저의 의견을 전달했습니다. 이에 국한하지 않고 우리나라의 문학작품을 영어로 번역해보는 활동을 통해서 (A : 활동) 영어구사능력을 한 단계 향상해나가며 동시에 한국어와 영어에 있어서 표현의 차이와 각각의 언어에 담긴 고유의 느낌에 대해 알 수 있었습니다. (R, F : 결과 서술을 통해 활동하기 전과 변화된 부분을 표현함.)

R, F : 이 예문에서는 결과와 느낌을 따로 구분하지 않았지만 가능하면 하나의 문장에는 결과를, 하나의 문장에는 느낌을 분명하게 표현해주는 것이 더 좋다.

〈1-2〉

　2학년 때는 심화 활동으로 원서를 읽고 영문으로 소논문을 작성했습니다. (S : 상황) 'The Grapes of Wrath'에서 오클라호마 사람들이 구직을 위해 캘리포니아로 떠났지만, 그들이 마주했던 캘리포니아의 참혹한 현실을 읽으며 이주민 수용에 있어서 어떠한 정치적 상황이 개입되었는지 궁금했습니다. (I : 본문에서 다룰 내용) 그래서 당시 치안, 복지비용, 지역 고용감소 등의 문제점을 고려해 이주민 수용을 반대한 주 정부와 구호 캠프까지 설치해가며 국민을 지원한 연방정부의 정책적 대립을 살펴보는 소논문을 작성했습니다. 우리나라에는 대공황에 대해 경제적 측면에서만 접근한 자료가 대부분이었기 때문에, 정치적 접근이 필요했던 저는 외국 사이트에서 정보를 수집하고 영어 논문을 찾아보며 폭넓은 자료조사를 했습니다. (A : 활동) 이러한 많은 영어자료를 읽으며 해석능력을 기를 수 있었습니다. (R : 결과) 온전히 영어로만 논문의 내용을 풀어내는 과정은 힘들었지만, 조원들과 서로 부족한 부분을 도우며 결과물을 완성하였고, 영어로 저의 생각을 표현하는 능력을 기를 수 있었습니다. (F : 활동 전과 비교하여 발전되고 변화된 부분)

[평가 소견]

1. 영어를 선택하여 공부한 과정이 잘 드러남.

2. 느낌 부분은 공부한 과정을 통해 느낀 것, 새롭게 알게 된 것, 활동 전과 바뀐 점 등을 나타낸다고 할 때, 이 학생의 1번 문항은 〈1-1〉 부분은 느낀 점과 새롭게 알게 된 부분이 〈1-2〉는 전과 바뀐 부분(활동을 통해 발전된 부분)을 잘 표현함.

4. 하나의 주제(1000자)로 영어와 수학을 서술한 사례

아래는 하나의 상황으로 영어와 수학을 공부한 방법을 별도로 서술했다.

〈1〉 영어 부분

1학년 첫 시험에서 전 과목에서 좋지 않은 점수를 받았습니다. 왜 그럴까? 곰곰이 생각해보니 원리에 대한 개념과 공부 방법을 몰라 암기만 한 것이 그 원인이었습니다. (S : 상황) 그래서 각 과목별로 구체적인 계획과 목표를 세웠습니다. (I : 본문에서 다룰 내용) 영어는 문법책 한 권을 공부한 뒤 복습과 지문 해석을 같이 해나가며 개념부터 다졌습니다. 그리고 학습 플래너를 활용하여 매일 3지문씩 3개월 동안 해야 할 양을 정하여 꾸준히 연습하였고, 익숙해지는 정도에 따라 조금씩 양을 늘려갔습니다. 하지만 문장 하나는 이해할 수 있었지만, 전체적인 내용을 파악하는 것은 어려웠습니다. 학교 시험 문제지를 분석해보니 빈칸추론과 문장삽입 유형의 문제에 약하다는 것을 알게 되어, 핵심내용을 표시하며 전체적인 내용구조를 정리하였습니다. (A : 영어 활동) 이런 방식으로 공부를 하니 영어에 자신감이 생겼고 성적이 향상되었습니다. (R : 결과)

〈2〉 수학 부분

수학은 틀린 문제에 대한 분석을 통해 원인을 찾았습니다. 특히 확률과 통계 과목의 통계적 추정 부분의 복잡한 계산 문제를 풀면서 매번 계산 실수를 하는 부분을 찾아 집중적으로 공부하니 실수하는 횟수가 줄었습니다. 또한, 미적분의 도함수의 낯선 개념을 이해하기 위해, 인터넷 강의를 활용하여 도함수 그래프에 대한 기본개념을 집중해서 듣기도 했습니다. 수업시간에 난이도가 높은 문제에 부딪히면 친구들과 모둠을 이루어 문제를 풀기도 했습니다. 친구들과 함께 기본개념을 바탕으로 다양한 접근법을 공유하며 적용하는 학습방법이 저에게 유용했습니다. (A : 수학 활동)

〈3〉 전체 결과와 느낌

어떤 과목이든지 개념을 먼저 이해해야 한다는 것과 부족한 점을 알고 개선해나갈 때 더 심화된 내용을 알 수 있으며, 꾸준하게 공부할 때 더 잘할 수 있다는 걸 느꼈습니다. (F : 느낌) 이런 공부 방법을 다른 과목에도 똑같이 적용하였고, 1학년 때 형편없던 성적이 점점 향상되어 3학년 때에는 거의 전 과목에서 1등급을 받을 수 있게 되었습니다. (R : 전체 결과) 또한, 문제를 풀어가는 과정은 현실에서 어떤 문제에 직면했을 때 어떻게 해결해 나갈 것인지 생각하는 과정과 비슷하다는 걸 느꼈습니다. (F : 전체 느낌)

5. 자신만의 공부법이 돋보인 사례

'자율주행 자동차를 대중화하는 전기 전자 공학자'가 되는 저의 꿈을 이루기 위해서는 물리의 전반적인 개념을 이해해야 합니다. 그러나 암기만 하다 보니 친구들에게 특이한 개념질문을 받거나 문제를 풀어줄 때 자주 허점이 드러났습니다. (S : 상황) 그래서 '압축 필기법'이라는 저만의 필기법을 통해 물리 개념을 정리해 가면서 공부했습니다. (I : 활동에서 다룰 내용) 압축 필기법은 핵심 내용 위주로 필기하는 방식입니다. 이 필기법으로 개념을 압축해 적어, 결국 물리의 개념을 5장

내외로 정리할 수 있었습니다. 이런 방식으로 필기를 하니 머릿속의 개념이 파일 식으로 정리되는 것을 느꼈고, 핵심어만 생각하면 나머지 개념을 떠올릴 수 있게 되었습니다. 예를 들면 철가루를 땅에 두면 무작위로 배열되어 있지만 자석을 이용하면 모든 철가루를 원하는 방향으로 배열할 수 있듯이, 고등학교 3학년 동안 압축 필기법(핵심 자석)을 통해 지식을 원하는 방향으로 정리할 수 있었습니다. (A, R : 활동과 결과) 핵심개념을 파악해가며 공부해가는 경험은 어려운 문제에 부딪혔을 때 핵심내용만 파악해가면 부수적 부분들은 이끌려 따라온다는 것을 알게 되었습니다. (F : 활동을 통해 알게 된 점)

〈줄 친 부분 : 압축 필기법이란 이름을 붙인 자신만의 공부법을 잘 표현하였다.〉

6. 500자 2개(다른 과목)로 구성한 사례2
〈1-1〉

"호기심은 심화학습을 할 수 있는 기회"2학년 기하와 벡터를 배우며 한 가지 호기심이 생겼습니다. 벡터의 연산과 내적에 대해 배울 때 덧셈, 뺄셈, 내적에 대해 배웠지만 곱셈이나 외적에 대해서는 배우지 않았습니다. (S) 그래서 친구 2명과 함께 외적에 대해 공부를 하기 시작했습니다. (I) 인터넷, 각종 참고서를 보며 알아낸 것을 공유하기도 하며 함께 공부하였습니다. 그런 후 외적을 적용해 기존의 문제들을 풀어보니 훨씬 더 쉽게 풀 수 있었고, 나아가 물리학 개념인 돌림힘과 각운동량과도 연결할 수 있었습니다. 또한, 자이로스코프를 만들어 이를 외적으로 표현을 하자 벡터 연산의 개념이 더욱더 쉽게 이해되었고, (A) 이를 주제로 대회도 출전할 수 있었습니다. (R) 이 일을 통해 호기심이 생겼을 때, 그냥 지나치지 않고 그것을 해결하기 위하여 노력한다면, 그 과정이 보다 폭넓은 지식을 쌓을 수 있는 기회가 된다는 것을 알게 되었습니다. (F)

⟨1-2⟩

물리 이론을 공부할 때는 그 이론을 만든 물리학자 입장에서 접근해야 한다고 생각합니다. 교과서에는 상대성 원리가 없었다면 보어의 이론이 탄생하지 못했을 거라는 설명이 있었지만 어디에도 두 이론의 연관성은 나타나 있지 않았습니다. (S) 결국 저는 상대성이론과 보어 이론의 연결점을 찾기 위해 인터넷뿐만 아니라 선생님께서 주신 참고 자료를 끊임없이 살펴보았습니다. (I) 그 결과 상대성 원리에서 도출된 광자의 운동량식이 드브로이 물질파 이론으로 연결되어 결국 보어의 이론에 영향을 주었다는 것을 파악하게 되었습니다. 이 과정의 간단한 수학적 접근법까지 스스로 학습한 뒤, 수업시간에 이에 대해 궁금한 친구들 앞에서 발표하였고 나아가 친구들과 물리의 다른 두 부분도 연결하는 활동도 하였습니다.(A) 어떤 이론이더라도 그 결과만 외울 것이 아니라, 이론을 정립하기까지의 과학자의 사고의 과정을 추적해 보면 그 이론에 대해 훨씬 쉽게 이해할 수 있다는 것을 알게 되었습니다.(R) 또한, 장래 꿈인 물리학자로서 가져야 할 확장적 사고의 중요성에 대해 인식하는 계기도 되었습니다. (F) [990]

7. 하나의 소재로 1000자 작성사례

국어 모의고사 문제를 풀던 중 '무풍 지역 쓰레기 섬'에 대한 지문을 접했습니다. 무풍지대는 태평양에 바람이 불지 않는 곳으로, 그 주변 해류를 따라 매년 엄청난 쓰레기가 모이며, 쓰레기 확산 방지를 위해 V자 울타리를 설치해둔 곳이라고 합니다. 시험을 친 후 지구과학에서 본 내용이 생각나 찾아보니 그냥 '무풍 지역에 쓰레기 섬이 존재한다.' 정도로만 서술되어 있어 궁금증이 생겼습니다. (S)

그래서 제가 활동하던 '바이오M' 동아리에 '무풍 지역 쓰레기 섬이 생물에 미치는 영향과 해결방안'에 대해 탐구해보자고 건의하여, 탐구를 시작했습니다. (I) 지구과학 시간에 배운 '용존산소량, 생화학적 산소 요구량'의 개념 등을 이용해 무풍지대 쓰레기 섬이 환경오염에 끼치는 영향을 추론하고 조사했습니다. 그러던 중, V자 울타리는 쓰레기를 확산시키지 않는 기능만 하지, 이미 존재하는 쓰레기를 처리하는 기능은 하지 않는다는 것을 알게 되었습니다. 그래서 '쓰레기 섬'을 어떻게 처리할까에 대해 탐구하던 중, 저는 어릴 적 목욕탕에서 세숫대야로 놀던 것이 생각나 조원들에게 설명했습니다. 그 방법은 세숫대야를 반대로 뒤집어 공기가 빠져나가지 못하게 물속에 넣은 후 세숫대야를 놓으면, 부력에 의해 수면 위로 세숫대야가 떠오르는 것에서 착안한 방법이었습니다. 그래서 쓰레기를 물속에, 물 위에 두고 쓰레기를 건지는 장치(비닐봉지 두 겹과 빨대, 수조)를 만들어 물속에 넣은 후 부력을 이용해 위로 띄우는 실험을 했습니다. (A) 그러자 수면 위의 쓰레기뿐만 아니라 수면 아래 가라앉은 쓰레기도 건질 수 있었습니다.

하지만 쓰레기 섬의 면적을 고려하면 그 넓은 장소의 쓰레기를 제거할 만큼 큰 장치를 만드는 것은 현실적으로 힘들다는 아쉬움이 남았습니다. (R) 이를 통해 호기심이 생긴 점에 대해 그냥 지나치지 않고 그 의문을 해결하기 위해 노력하면 더 심도 있는 학습을 할 수 있다는 것과 머리가 아닌 실생활에서 손으로 직접 활용하면서 배운 경험이 더 살아있는 지식으로 남게 된다는 것을 느꼈습니다. (F) [990]

3장

공통문항 2번, 충실한 학교생활을 보여주자

공통문항 2번,
충실한 학교생활을 보여주자

*공통문항 2번 문제 및 작성요령

1. 문항

2번 문항

고등학교 재학기간 중 본인이 의미를 두고 노력했던 교내활동을 배우고 느낀 점을 중심으로 3개 이내로 기술해 주시기 바랍니다. 단 교외 활동 중 학교장의 허락을 받고 참여한 활동은 포함(1,500자 내외)

2. 문제 해설

교내활동 상황과 스스로 변하고 성장한 과정을 묻는 문항이다. 이 문항으로 교내활동이 전공 적합성이 있는지, 장래 희망과 연관이 되어 있는지, 교과와 비교과 영역에 대한 학교생활을 얼마나 충실하게 했는지를 판단한다.

1번 문항이 지식을 구하는 과정을 보겠다는 것이면, 2번 문항은 그 것을 실행하는 의미 있는 활동을 보겠다는 것이다. 소재로는 교내 동아리 활동이나, 대회 및 행사 참여 등에서 진로 관련 연관성이 있는 부분 중심으로 활동한 과정이 적당하다. 1번 문항이 개인 위주의 활동이라면, 2번 문항은 그룹이 중심이 된 활동이 작성하기 편하다. (물론 편하다는 것이지 1번은 혼자, 2번은 그룹 이렇게 정해진 것은 아니다)

학교생활이 꼭 공부만을 의미하지는 않는다. 교과 이외의 활동 부분도 충실하게 했음을 보여주어야 한다. 그렇기에 비 교과적인 부분도 할애하자.

글자 수가 1,500자이기 때문에 적절하게 소재를 배분해야 한다. 2번 문항은 학교생활을 보겠다는 것이기 때문에, 소재 배분은 다음의 방법으로 구성하자. 1,500자 중에 3분의 2 정도는 전공(교과)과 관련되거나 기초가 되는 것을, 나머지 3분의 1은 전공과 연계되지 않은 일반활동으로 배분하는 것이 적당하다. 전공과 연계된 활동과 연계되지 않은 활동을 반반씩 해도 괜찮다.

TIP12 공통문항 2번 작성 요령

1. 교과 활동과 비교과 학교생활로 소재 구성하여 활동 위주로 서술하자.

2. 활동을 좀 더 세부적으로 표현하고 싶으면(1,000자 + 500자) 한 가지 소재(1,000자)는 자세하게, 한 가지는 필요사항(500자)만 기술, 적을 것이 많거나 경험의 다양성을 드러내고 싶으면 500자 소재 3개, 절충안은 750자 소재 2개로 작성하면 된다.

3. 이야기 위주로 작성할 것. 자신의 실제 경험을 SIAR – F 뼈대로 작성

4. 교내 동아리 활동이나, 교내 대회, 교내 행사, 기타 활동 중 의미 있는 STORY

5. Activity, Feel 위주로 작성

6. 문제의 요구사항이 배우고 느낀 점을 중심으로 적으라고 했다. 특히 '의미 있는 활동'이라는 점에 유의하자.

7. 학교장의 허락을 받은 교외 활동이라도 애매한 부분은 선생님과 필히 협의를 하자.

1. 접근 방식을 바꾸어 다시 작성한 사례1번 문항은 입학사
-수정 전-

3학년 때 탈원전 에너지 정책에 대한 주제탐구 동아리 활동을 하였습니다. 한국수력원자력 본사 홍보관을 견학해 발전소가 어떻게 작동되는지, 발전소의 구조는 어떤지를 조사하였고, 월성원자력발전소에 방문해 근무하시는 직원분을 통해 실제 발전소에 어떤 장치들이 있고, 어떻게 운영 되는지에 대한 설명도 들었습니다. 이를 통해 실제 발전소는 사람들의 생각보다 훨씬 튼튼하고, 안전한 건축물이라는 것을 느꼈습니다. a.탈원전 정책에서 우려되는 여러 가지 문제점에 대해 탐구하기 위해 2016년 발전량과 정산단가 자료를 이용하여 정부의 발표대로 발전방식이 변화하면 발전비용이 어떻게 달라질지를 계산해 보았습니다. b.그 결과 발전비용이 기존보다 약 20% 인상되고, 이는 전기요금에 반영되어 전기요금이 증가할 것 이라는 결론을 얻었습니다. c.또한 신재생 에너지의 발전비율이 늘어나며 d. 전력공급이 불안정해질 수 있고, 이를 보완하기 위한 가스 발전의 비중이 늘어나면 유가에 따라 발전비용이 늘어날 수도 있다는 결과를 얻었습니다. 탐구를 하며 원자력 발전이 우리나라 전력공급에 있어서 굉장히 중요한 역할을 하며, 아직까지는 이를 대체할 마땅할 방법이 없다는 것을 느꼈습니다. 그렇기에 '탈원전'은 다각도에서 충분한 연구를 하고, 구체적인 방안을 마련한 뒤에 하는 것이 더 좋을 것이라는 생각을 하게 되었습니다. (663자)

[평가 소견]

1) 줄 친 부분은 논란의 소지가 있다.

2) 내용의 출처가 불분명하다.

3) 활동 위주로 작성하라고 했는데, 정보 조사에 그쳤다. 줄 친 부분을 분석해 보면 다음과 같다.

a. 문장이 길다. 그리고 '여러 가지 문제점에 대해 탐구하기 위해' 라는 전제를 두었는데, 발전비용에 관한 부분을 계산한다고 서술되었다. 여러 가지 문제점이 발전비용에 국한된 것은 문맥상 맞지 않는다.

b. 먼저 탈원전의 개념 정립이 필요하다. 지금 발전소 건설이 중단되는 것에 국한한 것인지, 전체적으로 우리나라에 원전을 전부 없애는 것을 전제로 한 계산인지. 그리고 20% 인상이라는 것이

사회적으로 공인될 수 있는 결과인지 검토가 필요하다. 현재 정부 발표에 의하면 진행 중인 원전 건설을 중단하더라도 전기 값 인상은 없다고 한다. 원전의 위험성보다는 20% 정도의 인상이라면 정부의 다른 예산에서 전용해 올 수도 있다고 생각하는 사람도 많다는 것을 고려해야 한다.

c.또한 신재생 에너지의 발전비율이 늘어나며==>이 글만 보아서 신재생 에너지 비율이 늘어나는 것이 왜 문제인지 납득이 되지 않는다.

d.전력공급이 불안정해질 수 있고, 이를 보완하기 위한 가스 발전의 비중이 늘어나면 유가에 따라 발전비용이 늘어날 수도 있다는 결과를 얻었습니다.
==>이것 역시 논란의 소지가 있으며, 자료 출처가 불분명하다.

자기소개서는 주장 글이 아니다. 논란의 소지가 있는 부분은 가능한 피하는 것이 좋다. 자기소개서는 학교생활이나, 공부한 과정을 보겠다는 것이다. 줄 친 부분은 자소서의 내용으로 적당한 것 같지 않다. 또한, 원전을 반대하는 것은 안전성의 문제가 크다. 그리고 "실제 발전소는 사람의 생각보다 훨씬 튼튼하고, 안전한 건축물이라는 것을 느꼈습니다."라고 서술되어 있다. 이것이 주된 테마가 되어야 하고 이것에 대한 뒷받침 문장이 와야 자연스럽다. 원전을 반대하는 주된 이유는 일본 원전 사고와 같은 대형사고에 대한 우려 때문이다. 비용에 따른 접근 보다는 안전에 따른 전개로 가야하는 것이 더 설득력이 있다. 한정된 글자 수를 가지고 자신의 경험과 주장을 동시에 담기는 어렵다. 다시 한번 검토가 필요하다.

−수정 후−

"지식은 활용할 때 산지식이 된다." 2학년 때, 교내 영자 신문 만들기 대회에 참여하였습니다. (S : 상황) 이 대회가 원자력 발전소에 대한 저의 지식을 다른 친구들과 나눌 수 있는 기회라고 생각하여, 원자력 발전소의 안전에 대한 글을 영어로 써 보기로 했습니다. (I : 활동에서 다룰 내용) 마침 그 당시는 경주에서 지진이 발생한 지 얼마 되지 않은 시점이었습니다. 많은 사람이 원자력 발전소의 안전성에 대해 의심을 품고 있었고, 사람 사이에는 잘못된 정보가 퍼지고 있던 때였습니다. 저는 이런 잘못된 정보를 바로잡고 싶어 원자력 발전소와 핵폭탄의 차이점, 지진에 대한 발전소의 안전장치 등의 내용을 신문에 쓰기로 했습니다. 더 정확한 글을 쓰기 위해 신월성 원자력 발전소에 근무하고 계시는 분과 인터뷰를 하기도 했습니다. 그 과정에서 우리나라의 발전소는 지진에 대해 어떤 안전장치를 가졌는지에 대해 이전에는 잘 몰랐던 정보들을 알 수 있었습니다. (A : 활동) 덕분에 저는 정확한 정보를 담은 신문을 쓸 수 있었고, 친구들의 원자력 발전소에 대한 궁금증과 오해를 풀어줄 수 있었습니다. (R : 결과) 영자신문 만들기 활동을 통해 책으로 공부하던 간접지식보다는 그 지식을 활용할 때 더 살아있는 산지식이 됨을 알게 되었습니다. (F : 활동을 통해 알게 된 것) [600]

※수정 POINT

1) 소재는 같으나 원자력 발전 비용에 대한 접근보다는 안전에 대한 접근으로 바꾸어 재작성함.

2) 수정 전보다 활동(A) 부분이 훨씬 구체적으로 작성되었으며, 느낌도 살아있다.

2. 느낀 점을 보충한 사례

-수정 전-

-사회와의 소통, 동아리 활동-

사회의 다양한 이슈에 관심이 많던 저는 기존의 교실에서만 이루어지던 동아리 활동에 만족하지 못하고 시사 활동 동아리 '신문으로 보는 세상'을 창립하였습니다. 약 20명 정도의 친구들을 모집하였고 동아리를 활동적으로 이끌고 싶어 기장을 맡았습니다. '동아리 기장'을 맡으면서 리더라는 위치가 얼마나 중요한지 깨달았고 학교에서는 해보지 못했던 사회 참여 활동을 함으로써 많은 교훈을 얻을 수 있었습니다. (S : 상황)

많은 동아리 활동 중에서도 가장 기억에 남는 것은 'YO! YO! YO!' 캠페인입니다. (I :본문에서 다룰 내용) 2011년에 대구에서 일어난 학교 폭력은 당시 큰 사회적 이슈가 되었습니다. 그전까지는 학교폭력이 문제로 크게 대두 되지 않았지만, 그 사건을 계기로 그간 드러나지 않았던 학교폭력의 실상이 드러나게 되었습니다. 한 곳에서만 일어난 줄 알았던 학교폭력이 전국 여기저기서 줄줄이 터져 나왔고 결국은 큰 사회적 이슈가 되었습니다. 동아리 회의 시간을 거쳐 우리 동아리의 차원에서 할 수 있는 예방책은 무엇일까 논의하였습니다. 여러 번의 회의 끝에 '칭찬해YO! 감사해YO! 힘내세YO!'를 모토로 삼은 캠페인을 구상하였습니다. 친구들의 선행은 칭찬을, 도움을 준 친구에게는 감사를, 힘들어하는 친구에게는 위로를 담은 편지를 수거하여 전달해 화목한 학교 분위기를 조성하는데 힘썼습니다. 편지 전달뿐만 아니라 총 287명의 학생에게 학교 폭력 근절 서명을 받았습니다. 디자인을 전공하는 친구에게 부탁하여 학교폭력 팔찌 아이디어를 제안했고 디자인을 전공하는 친구에게 부탁하여 학교폭력 예방 팔찌를 만들어 학생들에게 나누어주었습니다. 〈A : 활동에서 글이 끝나버렸다.〉

[평가 소견]
1. 글의 형태가 산만하며 필요 없는 말이 많고 필요한 말은 많이 빠져 있다.
2. 필요 없는 말을 줄이고, 결과(R)와 이 활동으로 인해 알게 된 점(느낀 점 :F)을 추가해야 한다.

-수정 후-

-소통과 참여의 힘-

사회의 다양한 이슈에 관심이 많던 저는 기존의 교실에서만 이루어지던 동아리 활동에 만족하지 못하고, 시사 활동 동아리 '신문으로 보는 세상'을 창립하였습니다. 약 20명 정도의 친구들을 모집한 후 리더가 되어 동아리를 이끌었습니다. (S : 상황) 많은 동아리 활동 중에서도 가장 기억에 남는 것은 'YO! YO! YO!' 캠페인입니다. (I : 본문에서 다룰 내용) 2011년에 대구에서 일어난 학교 폭력은 당시 큰 사회적 이슈가 되었습니다. 그전까지는 학교폭력이 문제로 크게 대두 되지 않았지만, 그 사건을 계기로 학교폭력이 전국 여기저기서 줄줄이 터져 나왔고 결국은 큰 사회적 이슈가 되었습니다. 저희 동아리는 회의를 거쳐 동아리의 차원에서 할 수 있는 예방책은 무엇일까 논의하였습니다. 여러 번의 회의 끝에 '칭찬해YO! 감사해YO! 힘내세YO!'를 모토로 삼은 캠페인을 구상하였습니다. 먼저 친구들의 선행은 칭찬을, 도움을 준 친구에게는 감사를, 힘들어하는 친구에게는 위로를 담은 편지를 쓰는 행사를 가졌습니다. 그런 후 그 편지를 수거하여 전달했습니다. 또한, 총 287명의 학생들에게 학교 폭력 근절 서명을 받았습니다. 뿐만 아니라 학교폭력 예방 팔찌 착용 아이디어를 구상하여, 디자인을 전공하는 친구에게 부탁하여 팔찌를 만들어 학생들에게 나누어주기도 했습니다. (A : 활동) 그 결과 최소한 저희 학교에서는 학교폭력 문제가 이슈화된 상황이 현저하게 줄어들었으며, 학교 분위기도 화목한 분위기로 많이 개선되었습니다. (R : 결과) 비록 학교라는 작은 사회에서 이룬 성과였지만, 개선할 수 있다는 적극적인 마음을 가지고 함께 노력한다면 개선될 수 있으며, 그 노력은 소통과 참여를 이끌어낼

때 가능한 것임을 알게 해주었습니다. F (이 활동을 통해 알게 된 점)

※작성 POINT
결과와 느낌 부분이 분명하게 드러남.

3. 부자연스러운 Activity(활동)을 보충한 사례
-수정 전-

제2외국어인 프랑스어에 애정이 있었던 만큼, 프랑스와 관련된 행사는 빠지지 않고 참여하여 하나라도 더 배우려고 노력하였습니다. 그래서 직접 프랑스어 연극 팀을 꾸려 매년 대학교에서 프랑스어 연극을 하였습니다. 프랑스인 관객이 많을 때, 한국의 문화를 재미있게 소개하고 싶어, 대본에 k-pop도 넣고 별주부전과 백설 공주의 내용도 넣어 각색했습니다. 그런 후, 프랑스어로 번역하고 소품을 직접 만들고 춤과 연기를 연습하는 많은 과정을 거쳤습니다. 연극하는 날, 수업시간에 이론적으로 배우던 프랑스라는 언어를 넘어서서. 이 연극을 통해 우리 문화와 프랑스 문화의 소통이라는 경험을 하였습니다. 뿐만 아니라 한불수교 130주년을 맞아 학교에 프랑스의 날을 지정해 다른 제2외국어를 배우는 학교 친구들에게도 프랑스 문화에 대해 알려주었습니다. 프랑스와 관련된 많은 교내 활동에 도전하며 참여했던 경험은, 대학 진학 후에도 여러 문화 교류 활동들에 더 효과적이고 풍성하게 참여할 수 있다는 자신감으로 다가왔습니다.

[평가 소견]

1. 줄 친 부분 다음에 이어지는 내용은 연극하는 것과 그 반응에 대해 묘사하는 부분이 뒷받침되어야 한다. 그런데 그렇질 못하다.

2. Activity 부분이 중요하다. 활동은 행동을 묘사하듯 서술해야 한다. 가령 사과를 모르는 사람에게 사과를 설명한다고 하자. 사과는 어떻게 생겼고 크기는 어느 정도이며, 맛은 어떤 맛이 난다. 이런 부분을 설명해야 사과를 모르는 사람도 사과를 알 수 있게 된다. 학생에 대해 사정관들은 잘 모른다. 그렇기에 학생이 쓴 글을 통해 학생이 어떤 활동을 했고, 그 활동을 통해 어떤 것을 느꼈는지를 알고 싶어 한다. Activity(활동)란 그런 것이다.

3. 여러 가지 내용을 결과만 적는 것을 나열형이라고 이야기하는데, 많은 가지 수를 적기보다는, 한 가지를 자세하게 적는 것이 필요하다. 자기소개서는 그 한 가지에 대한 느낌을 도출해내는 것이 생명이다.

–수정 후– ACTION 부분 보강하고 느낌 도출

제2외국어인 프랑스어에 애정이 있었던 만큼, 프랑스와 관련된 행사는 빠지지 않고 참여하여 하나라도 더 배우려고 노력하였습니다. (S : 상황) 그래서 프랑스어 연극팀을 꾸려 매년 프랑스어 연극을 하였습니다. (I : 활동에서 다룰 내용) 한국의 문화를 재미있게 소개하고 싶어, 대본에 k-pop도 넣고 별주부전과 백설 공주의 내용도 넣어 각색했습니다. 그런 후, 프랑스어로 번역하고 소품을 직접 만들고 춤과 연기를 연습하는 많은 과정을 거쳤습니다. 연극하는 날, 프랑스인들이 많이 참여한 관객의 반응은 아주 뜨거웠습니다. 그들에게는 생소했던 한국 고전문학인 별주부전을 K-POP과 연관 지어 공연하자 같이 따라 부르고 끝나고 나서도 흥얼거렸습니다. 같이 사진을 찍고 싶어 하는 외국인들의 모습을 본 선생님들은 좋은 아이디어로 연극을 잘 표현했다고 칭찬해주셨습니다. (A : 활동)이 연극을 통해 우리 문화와 프랑스 문화의 소통이라는 경험을 하였습니다. 그뿐만 아니라 한불수교 130주년을 맞아 학교에 프랑스의 날을 지정해 다른 제2외국어를 배우는 친구들에게 프랑스 문화에 대해 알려주었습니다. (R : 결과) 이를 준비하는 과정에서 제가 몰랐던 프랑스에 대한 많은 사실을 새롭게 알게 되었습니다. 프랑스에 관련된 활동을 통해 어떤 일을 하던 적극적으로 애정을 가지고 한다면, 그 일에 대해 상식을 넘어선 깊이 있는 지식을 갖게 됨을 느끼게 되었습니다. (F : 느낌) 또한 많은 교내 활동에 도전하며 참여했던 경험은, 대학 진학 후에도 여러 문화 교류 활동들에 더 효과적으로 참여할 수 있다는 자신감으로 다가왔습니다. (R : 대학 진학 후 활동과 연계)

4. 문장을 다듬고 느낌을 보충한 사례

−수정 전− 느낌 부분이 미약함.

간호사라는 직업이 무엇을 배우고, 어떠한 분야가 있는지 알아보기 위해 보건수업에 참여했습니다. 활력증후측정, 심장 제세동기 사용법, 기본간호학용어 등 다양한 분야에 대해 배웠지만 그중 심폐소생술과 제세동기 사용법이 가장 의미 있게 다가왔습니다. 반 대표로 소방훈련 때 심폐소생술을 경험해봐서 자신이 있었습니다. 그러나 선생님이 가져오신 유아용 마네킹이여서 어떻게 할지 몰라 성인용 심폐소생술을 시행했습니다. 같은 심폐소생술이라도 성인과 유아의 골격이 다르기 때문에 유아는 한손으로 해야 한다는 것을 배웠습니다. 심폐소생술은 학생신분으로서 가장 유용하게 쓰이고, 심폐소생술은 간호사들이 병동에서 응급처치로 가장 많이 쓰는 것을 다큐에서 봐서 더욱 유용하다는 생각이 들었습니다.

-수정 후-

간호사라는 직업이 무엇을 배우고, 어떠한 분야가 있는지 알아보기 위해 보건 수업에 참여했습니다. (S, I : 상황과 이슈를 함께 표현) 활력증후측정, 심장 제세동기 사용법, 기본간호학용어 등 다양한 분야에 대해 배웠지만 그중 심폐소생술이 가장 의미 있었습니다. 반의 대표로 소방훈련 때 심폐소생술을 해봐서 자신이 있었지만, 선생님이 가져오신 것은 유아용 마네킹이어서 어떻게 할지 몰라 성인용 심폐소생술을 시행했습니다. 하지만 같은 심폐소생술이라도 성인과 유아의 골격이 다르기 때문에 유아는 한 손으로 해야 한다는 것을 배웠습니다. (A : 활동) 심폐소생술은 학생신분으로서 가장 유용하게 쓰이고, 간호사들이 병동에서 응급처치로 가장 많이 쓰는 것을 다큐멘터리에서 봐서 더욱 유용하다는 것을 알았습니다. (R : 결과) 이런 활동을 통해 알고 있으면 사람의 목숨도 살릴 수 있는 것을 모르기 때문에 아까운 생명을 살리지 못한다는 것을 알았으며, 아는 것이 곧 생명이 됨을 느꼈습니다. (F : 느낌, 알게 된 것)

문장을 다듬고 느낌 부분을 보강함.

여기서는 S, I : 상황과 이슈를 함께 표현했지만 가능하면 분리하여
한 문장씩 작성해주는 것이 의미를 더 정확하게 전달
할 수 있다.

5. 1500자 하나를 1000자 하나로 줄이고, 500자 하나를 더 추가한 사례

-수정 전-

제가 고등학교 2학년 때였습니다. 학교에서 과학의 날에 다양한 대회가 개최 되었습니다. 시험이 코앞인 상황에서 수많은 대회는 공부와 병행하기 무척이나 부담스러운 것이지만 모든 교내행사에 적극적으로 참여 하는 것이 좋다는 담임선생님의 말씀을 듣고 저는 지금이 아니면 이런 다양한 대회들에 참여 할 기회가 없을 것 같아서 반에서 유일하게 과학의 날의 행사 6가지에 전부 참여하게 되었습니다. 당연히 한개로도 벅찬 대회를 전부 참가했으니 그 당시에는 몸이 남아나지를 않았습니다.

그중에서도 과학실험 후 보고서를 제출하고 발표에 토론에 반론까지

해야 하는 과학탐구토론대회는 당시 제게는 무척 높은 산이었습니다. 처음에는 의욕적으로 나섰던 친구들도 시간은 부족한데 탐구 주제 정하기에서부터 난관에 봉착해서 말다툼을 벌이기도 하고 고민도 많이 했습니다. 하지만 저희는 막막할 때 일수록 더 마음을 다잡으며 차근차근 조사를 시작했습니다.

그 당시 주제였던 '빛'에 대해서 국내 자료가 부족하자 영어로 된 논문을 수십 개씩 읽어가며 공부를 했고 '생물에게 빛 공해를 가했을 때의 반응'을 알아보기 위해서 2~3일씩 과학실에 머물며 쥐만 바라보며 쥐의 행동을 분석한 적도 있습니다. 저희 팀원 전부 시간 내에 실험을 완료하기 위해 며칠씩 밤을 센 적도 있었습니다. 무척 힘들었지만 그래도 그때로 다시 돌아가라고 한다면 좋다고 말 할 정도로 당시 탐구활동은 제가 진정으로 즐거움을 가지고 열정적으로 노력했던 순간이었습니다. 그렇게 실험을 하며 시행착오를 하고, 울기도 하고 웃기도 하며 저는 진정한 '노력'이라는 것이 무엇인지 생애 처음으로 맛볼 수가 있었습니다. 제가 지금까지 '나는 노력하고 있다.' 라고 말한 것은 사실은 그저 수박 겉핥기 식에 불과했다는 생각도 들었습니다. 진정한 노력은 즐거움을 동반했을 때 나올 수 있기 때문입니다. 그저 딱딱한 지식만이 아닌 진정으로 제가 흥미를 가지고 탐구하려고 들었을 때 몸에서 뿜어져 나오는 아드레날린의

작용을 통한 온전한 몰입. 그것이 진정한 노력이 아닌가 하는 생각이 들었습니다.

저희 팀원은 그렇게 즐겁게 대회를 마무리 했고 그 당시 저희 팀원들 모두 정말 실험하고 탐구하는 내내 재미있었다는 의견이었습니다. 정말 즐기며 대회를 했던 탓일까요. 당시 학교대회에서도 시대회에서도 모두 굉장한 성적을 거둘 수 있었습니다. 물론 수상실적이 생겼다는 기쁜 일이었습니다. 그러나 이런 수상실적들 보다도 더 제게 크게 다가온 것은 바로 열정이라는 단어였습니다. 제가 정말 재미있다고 생각하는 일을 하면 이렇게까지 즐겁게 몰입하며 공부할 수 있구나 라는 감각을 아직도 잊을 수가 없습니다. 동시에 제가 가장 많은 관심을 가지고 있는 한의학을 이렇게 공부하면 얼마나 즐거울까 하는 상상을 끊임없이 하게 되었습니다. 한의학을 공부하며 밤을 새우고 토론하고 고민한다고 생각하니 무척이나 큰 기대도 되었습니다. 이때 이렇게 행복하게 노력했던 경험은 제 인생에 있어서 열정이란 무엇인지 배울 수 있던 계기였습니다. 앞으로 살면서도 무언가를 할 때 이처럼 즐거움을 담고 최선을 다 했던 경험은 제가 미래에 겪게 될 여러 어려운 문제나 고난, 상황을 기쁜 마음으로 이겨 낼 수 있는 밑거름이 될 것이라고 생각합니다.[1,580자]

[평가 소견]

1. 자기소개서는 수필이 아니다. 논술문과 생활문의 중간 단계라고 보아야 한다. 논술문의 형태에 고등학교 생활을 담아내는 형식을 취해야 한다. 그렇기 때문에 자기소개서를 수필의 형태로 적어서는 곤란하다.

2. 문장의 길이가 너무 길고 필요하지 않은 말들이 너무 많다. 글자 수가 한정이 되어있기 때문에 필요하지 않은 말은 없애야 한다. 한 문장의 길이는 60자를 넘지 말라고 했다. 그런데 이 자기소개서는 많은 부분이 60자를 넘는다. 그러다보니 내용이 늘어진다.

3. 한 가지로 적어도 되지만, 2번 문항을 읽어보면 3개 이내라고 하였다. 한 가지만 적는다면 경험의 다양성 측면에서 불리할 수 있기에 최소한 2개 이상은 적는 것을 권한다.

4. 같은 말, 같은 내용이 반복되었다.

5. 필요 없는 말을 삭제하면 이 자기소개서는 1,000자로 줄일 수 있으며, 경험의 다양성을 보여주기 위해 500자 소재 하나를 더 추가하면 좋겠다.

6. 다음은 위의 자기소개서를 1000자 이내로 줄이고 다른 소재를 하나 추가하였다. 이 학생은 한의학을 지원하는 학생이다. 1000자로 줄인 아래 〈2-1〉과학실험 보고서 관련 내용은 전공의 기초는 되지

만, 전공과 직접적인 관련은 없다. 그래서 전공과 직접적인 관련이 있는 응급처치와 관련된 경험으로 500자를 추가하여 전공적합성을 보여주고자 했다.

–수정 후–

〈2-1〉 1500자를 1000자로 줄임

"열정은 마음을 밝혀 즐거움을 갖게 하는 빛이다." 2학년 '과학의 날', 학교에서 다양한 대회가 열렸습니다. 시험이 코앞인 상황에서 공부와 병행하며 대회에 참여하기란 무척이나 부담스러웠습니다. (S) 하지만 모든 교내행사에 적극적으로 참여하는 것이 좋다는 담임선생님의 말씀을 듣고 과학탐구토론대회에 참여하였습니다. (I)

과학실험 후 보고서를 제출하고 발표에 토론에 반론까지 해야 하는 과학탐구토론대회는 당시 제게는 무척 높은 산이었습니다. 처음에는 의욕적으로 나섰던 팀원들 간에도 시간은 부족한데, 탐구 주제 정하기에서부터 난관에 봉착해서 말다툼을 벌이는 등 갈등을 겪었습니다. 하지만 저희는 막막할 때일수록 더 마음을 다잡으며 차근차근 조사했습니다.

그 당시 주제였던 '빛'에 대해서 국내 자료가 부족하여 영어로 된

논문을 수십 개씩 읽어가며 공부를 했고, '생물에게 빛 공해를 가했을 때의 반응'을 알아보기 위해서, 2~3일씩 과학실에서 쥐만 바라보며 쥐의 행동을 분석한 적도 있습니다. (A) 팀원 전부 며칠씩 밤을 새워 실험을 한 결과 시간 내에 완료할 수 있었습니다. (R) 무척 힘들었지만 시행착오를 거치며 행한 탐구를 통해 저만의 진정한 '노력'의 의미를 깨달았습니다. 진정한 노력은 열정을 동반했을 때 나올 수 있습니다. 그저 딱딱한 지식만이 아닌 진정으로 흥미를 가지고 탐구할 때 몸에서 뿜어져 나오는 아드레날린의 작용을 통한 온전한 몰입, 그것이 열정입니다.

또한, 주제가 '빛'이었기 때문에 빛과 열정이 연결고리가 되어, '열정은 깜깜한 상황을 밝혀 즐거움을 찾게 하는 빛이며, 열정을 가지니 이렇게까지 즐겁게 몰입하며 공부할 수 있구나'라는 강한 교훈을 얻게 되었습니다. (F) 동시에 제가 하고 싶은 한의학을 공부하며 밤을 새우고 토론하고 고민한다고 생각하니 무척이나 큰 기대도 되었습니다. 이러한 경험을 토대로 앞으로 겪게 될 어려운 문제나 고난을 열정을 가지고 이겨내고 꼭 꿈을 이루겠습니다. (R : 자신의 전공과 연결) [952]

〈2-2〉 지원 전공(한의학)과 관련이 있는 소재 하나 더 추가함.

1학년 여름방학 때 선배로부터 응급처치법을 배워 함께 대회에 나가보지 않겠냐는 제안을 받고, 한의사가 꿈인 저에게 많은 도움이 되겠다는 생각에 응급처치법을 배우게 되었습니다. (S) 외부 강사를 초청해서 방학 동안 심폐소생술, 하임리히법, 신체 부위별 삼각대 응급처치법 등을 배웠습니다. (I) 생각했던 것보다 응급처치법이 간단하지는 않았습니다. 심폐소생술을 한 번만 시행해도 온몸이 저리며 땀이 비 오듯 흘렀고 삼각대 매듭을 잘못 묶으면 환자가 고통스러워하기도 했습니다. 또한 환자의 상태를 보고 적합한 응급처치를 해야 했기 때문에 응급처치를 하기 이전의 과정 또한 따로 배워야 했습니다. (A) 그렇게 몇 주간의 맹연습 끝에 학교 대표로 대회에 참가하게 되었고 응급처치 자격증도 취득하였습니다. (R) 응급처치법을 계속 공부하고 연습하는 동안 힘이 들었지만, 그 덕분에 위기 상황에서의 대처능력을 기를 수 있었고, 생명의 소중함도 느낄 수 있었습니다. 또한, 응급처치 경험은 위급 상황에서 '응급 환자를 온 힘을 다해서 살려내겠다.'라는 강한 책임의식이 생긴 계기도 되었습니다. (F) [538]

1. 소재 3개(각각 500자)로 구성한 사례 1

〈2-1〉

1학년 때 과학 영재학급에 참여했는데, 다양한 과학 경험을 쌓게 해 주었습니다. (S) 그중에서도 화학비료의 대안을 찾고자 천연비료의 시비에 따른 강낭콩의 생육 탐구를 주제로 소논문을 작성해 발표했습니다. (I) 계란껍데기, 쌀뜨물, 바나나껍질, 커피 찌꺼기를 재료로 천연비료를 만들었고, 이것을 사용하여 강낭콩을 키워보면서 발육변화를 관찰했습니다, 실험 중 오류가 발생하면, 다른 환경으로 변화시켜 강낭콩을 관찰했습니다. 긴 시간이 소요되었지만, 강낭콩의 생장을 꼼꼼히 기록하였습니다. 또한 선행 연구된 화학비료에 대한 논문을 찾아 읽어보기도 하며, 관찰한 전 과정을 소논문으로 작성했습니다. (A) 영재학급친구들이 직접 경험하여 작성한 소논문을 모아 논문집도 발간하였기에 매우 의미 있었습니다. (R) 또한, 이 경험으로 생명에 대한 경외감을 느낄 수 있었으며, 천연비료가 환경과 생명 모두에게 좋은 것은 알지만 대량생산에는 한계가 있기에 그것을 극복할 방안을 찾는 것이 함께 고민해야 할 숙제임을 깨닫게 되었습니다. (F) [498]

〈2-2〉

1학년 때부터 의학 생물에 관련된 책을 읽고 토론하는 생물동아리인 바이오필리아에 가입하여 활동하였습니다. (S) 특히 '완벽에 대한 반론'이란 책을 읽은 후 호스트로서 토론을 진행하고 조원들의 의견을 취합하여 발표하였습니다. (I) 이 활동을 통해 생명윤리에 관하여 깊이 생각해보게 되었습니다. 또한, 연구 공생 프로젝트를 수행하며 '핵산과 노화, 유전자 가위와 유전자 이상'에 대해 조사한 후 동아리 회원들 상호 간 토의를 거쳐 보고서를 작성하였습니다. 보고서를 작성하는 과정에서 '유전자 치료'에 대해 관심을 가지게 되어 교내논문읽기대회에 참여하였습니다. '유전자 치료 생명윤리를 둘러싼 도덕적 난제들'이란 논문을 찾아 읽어보고 분석해봄으로써, (A) 의료과학은 유전자 가위라는 기술의 발전뿐 아니라 배아 처리 과정에서 윤리적인 문제가 발생하는 등 긍정적인 요소와 부정적인 요소가 있음을 알게 되었습니다. (R) 이를 통해 의료인에게 필요한 자질은 무엇보다 바른 도덕성과 건전한 생명윤리 의식임을 깨닫게 되었습니다. (F) [493]

〈2-3〉

미국의 비영리 재단이 운영하는 강연 프로그램인 TED는 주제 제한 없이 모든 지적 호기심을 충족시켜주며, (S) 영어공부도 된다는 점이 매력적이었습니다. (I) 그래서 친구들과 TED 자율동아리를 만들어 흥미로웠던 주제를 공유하고, ppt를 만들어 TED 강연자처럼 스피치를 하기도 했습니다. 그 중 잭 안드라카가 췌장암을 쉽게 진단하는 방법을 찾아낸 강연이 인상 깊었습니다. 좀 더 자세히 알고 싶어 세상을 바꾼 십대, 잭 안드라카 이야기 라는 책을 읽었습니다. 그는 췌장암을 진단하는 하나의 아이디어를 생각해내곤, 그것을 실현할 수 있는 방법을 찾기 위해 노력했습니다. 숱한 좌절에도 굴하지 않고 도전하여 결국 췌장암을 진단하는 쉬운 방법을 찾아내었습니다. (A) 과거에는 췌장암 진단이 어렵고 비용이 많이 들었는데, 그의 노력으로 조기 진단이 가능해져 사망률을 획기적으로 감소시켰습니다. (R) 잭 안드라카의 이야기를 통해 아이디어를 내고 그것을 이루기 위한 노력과 도전이 얼마나 중요한지 깨닫게 되었습니다. (F) [495]

2. 소재 3개(각각 500자)로 구성한 사례 2
〈2-1〉

　2학년 때 교내 '수리증명 발표대회'가 있었습니다. (S) 저는 팀장이 되어 대회 준비를 했습니다. (I) '타원의 여러 가지 성질'로 주제를 정하고, 인터넷과 참고 서적은 물론, 담당 선생님께 자문도 구했습니다. 타원의 여러 성질 중 여섯 가지를 정하고 보고서를 작성해 예선을 통과했습니다. 최종 평가 때는 효과적인 발표 방법과 팀 간 차별화에도 신경을 썼는데, 우리는 PPT가 아닌 판서 발표를 한 유일한 팀이었습니다. 증명에 필요한 함수의 개형을 도화지에 그려 시각 자료도 준비했습니다. 오류 없는 정확한 명제 증명을 위해 몇 번이고 되풀이하며 연습했고, 담당 선생님을 끊임없이 찾아가 증명 과정에 오류가 없는지 도움을 받기도 했습니다. 그 결과 최우수상을 수상했습니다. (A) 심사위원으로부터 수리증명 발표라는 대회 주제에 가장 맞는 발표였고, 무엇보다 증명 내용이 오류 하나 없이 정확하다는 평가를 들었습니다. (R) 수리증명 발표대회는 제 고등학교 생활 중 가장 적극적으로 참여한 활동입니다. 소극적이던 저는 대회를 거치며 적극적으로 변화할 수 있었습니다. 무엇이든 적극적으로 노력하면 좋은 결과는 자연스럽게 따른다는 것을 느낀 의미 있는 경험이었습니다. (F)

⟨2-2⟩

　3학년 때 제가 부장으로 있던 수학동아리는 '수학캠프'에 참가했습니다. (S) 캠프 활동 가운데 '다익스트라 알고리즘을 이용한 연구'라는 과제가 주어졌습니다. (I) 우리 조는 '생활 속의 알고리즘'으로 주제를 정하고, 우리 반을 시작점으로 각 교과 교실까지의 최단 경로를 구하는 알고리즘과 집에서 학교까지의 가장 효율적인 시내버스 노선 알고리즘을 구성했습니다. 그 과정에서 조원들의 다양한 이견을 조율하는 것이 힘들기도 했습니다. 또한, 리더라는 이유로 시각화하는 그래프 작업을 도맡아 홀로 밤을 새우기도 했습니다. (A) 마지막 날, 발표를 끝내고 친구들로부터 뜨거운 박수를 받았을 때의 기쁨은 학교생활 중 최고의 보람된 순간이었습니다. (R) 의견의 다양성 때문에 리더로서 희생하고 감당해야 할 무게들도 많았지만, 오히려 그 다양성을 조율한다면 더 좋은 결과를 도출해 낼 수 있다는 것을 알게 됐습니다. (F)

〈2-3〉

1학년 때 '전교생 단축 마라톤 대회'에 참가했습니다. 단축 거리지만 과호흡 증후군으로 몇 차례 쓰러진 경험이 있던 제게 마라톤은 위험한 도전이었습니다. 하지만 도전도 해보지 않고 미리 포기한다면 앞으로 계속 포기하는 삶을 살게 될 것 같았습니다. (S) 한계를 극복하고 싶어서 '완주'를 목표로 정했습니다. (I) 저는 결국 걸어서 완주했습니다. 2학년이 되자, 이번엔 등수 안에 들겠다는 목표가 생겼습니다. 점심시간을 이용해 운동장을 천천히 돌며 호흡법을 연습했습니다. 대회일이 가까웠을 땐 포기하고 싶은 마음도 들었습니다. (A) 하지만 포기하지 않았고 결국 6등이라는 좋은 결과를 얻었습니다. (R) 마라톤은 강한 자신감을 선물로 주었습니다. 고난이 닥쳤을 때 좌절하거나 포기하지 않고 노력한다면 불가능도 가능으로 바꿀 수 있다는 것도 깨닫게 해주 었습니다. 시련은 앞으로 저의 삶 가운데 자주 찾아올 테지만 저는 그 것을 반드시 극복하고 이겨내겠습니다. (F) [1485]

3. 소재 2개(각각 750자씩)로 구성한 사례 1

〈2-1〉

"세계화는 문화 교류의 조화로부터" 2학년 때 일주일 동안 세계 각 국에서 여러 외국인 친구들이 우리 학교를 방문하여 서로의 문화를 교 류하는 글로벌 위크가 있었습니다. (S) 제가 속한 동아리인 "아름드 리"에서는 스웨덴, 일본, 프랑스 등의 음식을 급식 메뉴로 하여 서로 의 문화에 더 다가갈 수 있는 기회를 제공해 주었습니다. (I) 평소에 잘 알던 음식도 어느 나라 음식인지도 모른 채 먹기만 했던 학생들에 게 어느 나라 음식인지, 얼마나 세계화가 널리 퍼져있는지 깨닫게 해 주었다는 부분에서 보람이 있었습니다. 그뿐만 아니라 외국인 학생들 에게는 한국의 음식문화에 대해, 그리고 한국 학생들에게는 외국 음 식 문화에 대해 소개하는 것을 직접 기획하고 실천하였습니다. 김밥에 들어가는 여러 가지 재료와 만드는 방법에 대해 영어로 설명하고, 외국인 친구들과 함께 김밥을 만들었습니다. 그리고 그 김밥을 전교생이 함께 나누어 먹었습니다. (A) 다 다른 머리카락의 색을 가지고 있지만, 김밥이라는 한국의 음식을 만들 때만큼은 다 같은 흰 위생 모자를 쓰고 요물조물 만들어가는 모습, 만들며 한입 베어 먹기도 하는 즐거워하는 모습을 보며 자그마한 지구촌을 보았습니다. (R) 음식의 재료 하나로써는 재료의 고유한 맛만을 간직하고 있지만, 여러 가지의 재료가 조화롭게 섞이면 김밥처럼 맛있는 음식이 되는 것처럼, 세계화도 지구촌 각자의 고유한 문화가 서로 교류하여 조화롭게 섞일 때 가능하다는 것을 느꼈습니다. (F)

〈2-2〉

진로 탐색 활동으로 부산 동래를 중심으로 '역사, 인물, 문화재 지역 탐방기' 팀별 연구를 수행했습니다. 세계에 대한민국을 알리기 전에 우선 내 주위 지역을 잘 알아야 한다고 생각했기 때문입니다. (S) 그래서 저희 조는 다른 친구들과 달리 직접 지역탐방을 하였습니다. (I) 4명의 학생이서 팜플랫 지도를 들고 골목을 돌아다니며 유적지를 찾아다니고, 한자를 잘 아는 친구와 함께 비석에 적힌 내용을 직접 해석해 보기도 하였습니다. 기념관에 계시던 지역전문가의 설명도 들었던 경험은, 피상적이었던 역사가 구체적으로 이해가 되었으며 인터넷을 넘어선 정보를 주었습니다. 또한 우리 주위에 소중한 것이 있음에도 그것을 알지 못한다면 소용이 없다는 것을 깨닫고 여러 관광지에 대해 알리고 싶었습니다. 그래서 영어판 부산 홍보 책자 만들기에 참여하였습니다. 전교생을 대상으로 설문 조사, 결과 분석, 장소 선정 및 조사를 한 뒤 홍보 글을 쓰고 이를 영어로 번역하는 많은 과정을 거쳤습니다. 작은 책자를 만들더라도, 올바르고 정확한 정보를 제공해주고 싶어서 매주 친구들끼리 모여서 검토하고, 선배와 선생님께 점검받았습니다. (A) 책을 완성한 후에는 학교에 글로벌 포럼이나 해외손님들이 올 때마다 나누어주었습니다. 뿐만 아니라 친한 프랑스 친구들이 한국에 왔을 때 직접 만든 부산 홍보 책자를 나누어주었습니다. (R) 작은 책자이지만 그 안에 녹아있는 저의 열정은 어떤 책보다도 두꺼웠습니다. 무엇보다 제가 우리 곁에 있는 소중한 장소들을 소개해 줄 수 있다는 것과 저의 능력으로 한국인뿐만 아니라 외국인에게도 소개해 줄 수 있다는 것이 행복했습니다. (F) [1,496]

4. 소재 2개(각각 750자씩)로 구성한 사례 2
〈2-1〉
2학년 동아리 시간에 대형 테슬라 코일에 대한 탐구를 진행한 적이 있습니다. (S) 1학년 때 실험했던 직류 테슬라 코일에서 좀 더 심화된 전기 요소 개념을 응용하여 실험을 진행하였습니다. (I) 우선 동아리원과 개념과 수식을 복습한 뒤 정확한 실험을 위해 공진 주파수 등 여러 요소를 계산하였습니다. 그러나 직접 실험을 진행하니 실제 이론값과 결과 값이 일치하지 않았습니다. 이 원인이 현실적인 요인을 고려하지 못해서라고 판단을 하여 결국 이론값에 맞게 실험을 설계한 뒤 각 요소들을 조금씩 바꾸어가는 방식을 택했습니다. 점심, 저녁시간 때마다 이 과정을 반복한 결과 코일 사이의 간격, 코일의 공진 방향 등 생각하지 못한 변인들을 발견할 수 있었고, 이를 보완하는 동시에 원하는 실험 결과 값에 점점 가까워질 수 있었습니다. 테슬라 코일 완성에 그치지 않고 그 주위의 전자기장, 전자기파, 플라즈마, 무선전력 전송에 대한 분석까지 할 수 있었습니다. (A) 이러한 연구 과정은 비록 시간은 많이 걸릴지라도 실험의 결과를 더욱더 좋게 하는 동시에 실험의 각 요소와 전기 현상에 대한 이해를 더욱 깊이 있게 할 수 있는 기회가 되었습니다. (R) 답이 정해진 문제가 아니어서 동아리원들과 다양한 상황을 가정하고 해결해나가는 과정은, 기존의 방법으로는 결코 생각할 수 없었던 창의적인 사고를 가능하게 하여 무척 의미가 깊었습니다. (F) 대학에 진학하여 보다 전문적인 지식을 습득한 후 제가 관심이 있는 양자통신 분야에서도 이러한 창의적인 연구를 해보

고 싶습니다. (R)

〈2-2〉

2학년 때 교내 영어 말하기 대회에 친구 3명과 함께 참여했습니다. (S) 친구들과 먼저 머리를 맞대고 토론한 결과 "한국 문화유산"이라는 주제를 선정했습니다. (I) 하지만 아무래도 딱딱한 주제일 것 같아 재미있게 할 방법에 대해 토의하고 연구했습니다. 그 결과 경매 상황을 배경으로 하는 연극 형식의 발표를 하기로 결정했습니다. 친구들이 각각 자신이 관심 있는 문화유산에 대해 조사한 후 이를 경매 상황에 맞는 대본으로 바꾸어 연습했습니다. 그런데 생각했던 만큼의 흥미가 느껴지지 않았고, 청중이 연극 내용에 집중할 수 있게 하는 대사 전달 방식에도 문제 있다고 판단했습니다. 결국 다시 의논하여 "영어 말하기"라는 성격에도 부합하고 재미있는 영어로 된 여러 감탄사와 표현을 추가했습니다. 그리고 마지막에는 화난 역사 전문가를 등장시켜 청중에게 문화유산에 대한 관심을 요구하는 형태로 바꾸었습니다. 그 후 각자 역할을 연습하며 서로 부족한 점을 피드백하고 자연스러운 표정, 억양에 대한 부분을 보완하였습니다. (A) 마침내 실제 발표를 하게 되었을 때, 청중들도 모두 함께 웃으며 많은 호응과 감탄을 해주어 성공적으로 끝낼 수 있었습니다. 발표가 끝난 뒤 영어 선생님께서 "이

것이 진정 영어 교육이 나아가야 할 방향이다."라며 극찬을 해주었습니다. (R) 화난 전문가의 역할을 맡았던 저는 이 활동을 통해 동료들과 서로 토론하고 협력하는 것의 중요성을 알게 되었을 뿐만 아니라, 의사소통에 있어 내용 전달 방식의 중요성에 대해서도 깨달을 수 있었습니다. (F) [1486]

5. 2개 소재 글자 수 자유롭게 작성사례
〈2-1〉

"대안까지 생각한 설득" 2학년 때 창의력을 발휘한 대본을 써 연극을 하는 '창의력 챔피언 대회'에 나갔습니다. (S) 주제는 '일상생활에서 흔히 볼 수 있는 사물에 특이한 능력을 부여하기'였습니다. (I) 저희 조는 시간을 멈추는 우산이 있다고 가정하여, 가족애에 대한 연극을 구상했습니다. 그런데 유쾌한 연극을 만드는 것에 집중한 나머지, 연극의 주제와 흐름을 고려하지 않았습니다. 본 공연 이틀 전 리허설에서, 심사위원 선생님으로부터 연극 구성이 산만하다는 피드백을 받았습니다. 그 지적을 받으니 부족함이 느껴졌고, 대본을 보완하자는 제안을 조원들에게 했습니다. 하지만 시간이 촉박하였기에 여기저기서 불평이 터져 나왔습니다. 그래도 저는 힘들지만 재구성해야 하는 것이 맞는다는 확신이 들었습니다. 그래서 재미만을 추구하면 전달해야 할 주제가 약해지며, 완성도도 떨어진다는 것을 사전에 논리적으로 정리하였습니다. 또한, 재미만을 추구한 부분을 빼는 대신 사건에 여러 가지 복선을 추가하여 전개를 자연스럽게 했고, 적절한 음향 효과를 넣어 연극의 완성도를 높인 수정 대본을 만들어 대안으로 제시하였습니다. 그러자 조원들은 제 제안에 동의하였고, 남은 이틀 동안 최선을 다해 준비했습니다. (A) 공연을 마친 후 심사위원 선생님들은 연극의 완성도가 높고 창의적이라는 평가와 함께 대상을 수여해주었습니다. (R) 이 과정에서, 연극을 할 때뿐만 아니라 모든 일에 있어 차분하게 본질을 꿰뚫어 보는 것의 중요성을 느꼈습니다. 또한 제 생각을 조원들에게 전달하는 과정에서, 효과적으로 의사소통하는 방법을 배웠습니다. 타인을 설득할 때에는 제 생각을 논리적으로 정리하여 말하는 것이 중요하며, 문제점을 지적만 하기보다는 대안까지 미리 생각하여 제시한다면, 다른 사람에게 나의 주장을 더욱 잘 이해시킬 수 있음을 깨달았습니다. (F)[888]

〈2-2〉
"서로 도우며 사는 삶" 2학년 때 공학 동아리 ET에 가입했습니다. (S) 코딩을 연습만 해봤지 실제 프로그래밍을 해보는 것은 처음이라

코드 설계에 어려움을 겪었습니다. (I) 그래서 저보다 관련 지식이 많은 친구에게 종종 도움을 요청했습니다. 또한 평소 프로그래밍 언어 지식이 부족하다 느껴, 이동 시간이나 쉬는 시간에 틈틈이 외웠습니다. 동아리에서 자율주행 자동차를 만드는 프로젝트를 했는데, 저는 코딩을 맡았습니다. 센서와 서브 모터를 이용해서 회로를 연결하고, 평소 공부해둔 프로그래밍 언어를 이용해 코딩했습니다. 코드를 작성하여 자동차를 작동해봤는데, 예상과 다르게 자동차가 장애물을 피할 때 장애물을 인식하지 못하여 방향을 회전하지 못하는 문제가 생겼습니다. (A) 이에 관해 조원과 상의하여 초음파 거리 센서를 회전시키자는 결론을 도출하였고, 결국 자율주행 자동차 제작에 성공했습니다. (R) 이 경험을 통해 세상을 살다 보면 문제에 부딪히는 경우가 생기고, 그럴 때는 먼저 스스로 극복하도록 노력해야 한다는 것과 그래도 해결되지 않는 문제가 있다면 주변의 도움이나 협력을 구하면 해결될 수 있음을 느꼈습니다. 또한, 저도 다른 사람을 도와주는 가치 있는 삶을 살아야겠다고 다짐하게 되었습니다. (F) [605]

4장

공통문항 3번,
부족함 없는 인성
을 보여주자.

공통문항 3번,
부족함 없는 인성을 보여주자.

*공통문항 3번 문제 및 작성요령

1. 문제 및 해설

학교생활 중 배려, 나눔, 협력, 갈등 관리 등을 실천한 사례를 들고, 그 과정을 통해 배우고 느낀 점을 기술해 주시기 바랍니다.(1,000자 이내)

3번 문항은 인성과 리더십, 그리고 소통을 묻는 문항이다. 배려, 나눔, 협력, 갈등관리 등의 구체적인 사례로 대학생활 하기에 필요한 인성을 갖추었는지 평가한다. 다른 많은 가치 중에도 이 네 가지를 선택한 이유는 이 가치들이 인생을 살아가는 데에 있어 아주 중요한 가치이기 때문이다. 고등학교는 공부만 하는 곳이 아니다. 사회의 축소판이며, 이곳에서부터 사회의 가치에 부합하는 것들을 함께 익혀야 하며, 그런 자세가 되어있는지, 대학에서 생활할 수 있는 인성적 자질을 살피겠다는 의도이다.

2. 네 가지 가치(갈등관리, 나눔, 협력, 배려)에 대한 의의

먼저 갈등관리 부분을 살펴보면, 사람이 살다 보면 갈등 상황은 생기기 마련이고, 그 갈등 상황을 어떻게 슬기롭게 해결하느냐에 따라, 한 단계 더 성숙하게 되는 계기가 된다. 나와 타인의 갈등 상황이 생겼을 때 어떻게 소통했는지를 보여줄 수도 있으며, 타인과 타인의 갈등 상황에서 어떻게 중재자의 역할을 했는지를 보여줄 수도 있다. 또한, 조직의 불특정한 상황에서 어떻게 리더십을 발휘하여 갈등상황을 해소했는지도 적을 수 있다.

나눔은 말 그대로 자신이 가진 것을 타인에게 나누어 줌을 의미한다. 나눔은 꼭 물질적인 것에 국한하여 생각할 필요가 없다. 자신의 귀중한 시간을 남에게 나누어줄 수도 있고, 자신의 재능을 나누어줄 수도 있다. 또한, 봉사활동을 통해 마음을 나눌 수도 있다.

협력은 어떤 일을 수행함에 있어 서로 도와가면서 목표를 달성한 예를 적을 수 있다. 사람은 혼자서는 살 수 없다. 백지장도 맞들면 낫다는 말이 있듯이 혼자보다는 함께 할 때 그 효율성은 배가 된다. 더불어 살아가는 세상에서 협력의 가치는 무척 중요하다. 독불장군으로 다른 사람과 타협하지 않고 혼자만이 모든 것을 이루려 한다면, 많은 제약이 따르기 마련이다. 한자 사람 인(人)은 아래에서 출발한 두 개가 위에서 하나의 접점을 이루며 만나는 것을 볼 수 있다. 그것이 협력이며, 협력을 통해서 가치 있는 사람이 된다는 의미이다. 그런 협력하는 자세가 되어있는지를 판단하겠다는 것이며, 협력의 가치를 적을 때는 '나는 협력하는 마인드가 되어있다.'는 것을 보여주어야 한다.

마지막으로 배려이다. 배려는 나보다 타인의 상황을 고려할 때 나올 수 있는 행동이다. 역지사지하는 마음으로 상대방을 도와주는 것이다. '만약 내가 너라면 이런 것이 필요할 거야' 라는 생각을 하며 상대방을 도와주는 것이다. 이것도 물론 나눔과 마찬가지로 물질에 국한되는 것은 아니다. 정신적, 시간적인 것들이 배려의 소재가 될 수 있다.

3. 작성요령

1번 문항이 지식을 구하는 과정을 보겠다는 것이면, 2번 문항은 그것을 교내 활동을 통해 실행하는 의미 있는 활동을 보겠다는 것이고, 3번은 인성을 보겠다는 것이다. 소재로는 교내 동아리 활동, 반, 학교 내의 상황 속에서 갈등 상황이 생겼을 때 해결한 상황이나, 서로 협력하여 목적한 바를 이룬 것들을 적으면 된다. 또한, 봉사활동을 통해서는 나눔, 배려의 경험을 적을 수도 있다.

　글자 수가 1,000자이기 때문에 적절하게 소재를 배분해야 한다. 3번 문항은 인성을 보겠다는 것이기 때문에, 소재 배분은 2가지의 방법이 있다. 첫째는 2개(각각 500자씩)를 선정하여 작성하는 것인데, 경험의 다양성적인 측면에서 유리한 반면, 자세한 과정 서술이 어렵다. 소재 두 개 중 하나는 갈등관리나 협력, 나머지 하나는 배려, 나눔으로 구성하면 좋겠다. 둘째는 한 개의 소재로 1,000자를 작성하는 것인데, 두 개를 작성할 때보다는 난이도가 있으며 네 가지의 가치 중에 1~2개의 가치 정도만 표현할 수 있어, 경험의 다양성 측면에서 불리하다. 하지만 어느 것을 하든지 제약은 없다.

공통문항 3번 작성 요령

1. 어떤 가치를 적든지 자신의 경험을 SIAR – F의 형태로 스토리 화하여 작성해야 한다. 여기서 중요한 것은 활동과 FEEL이다.

2. 이러한 경험으로 어떤 것을 배우고 느꼈는지에 대해 서술해야 하며, 그것이 전공과 관련이 있으면 더 좋겠다.

3. 자신이 기울인 노력으로 타인에게 도움이 되는 내용이면 좋겠다.

4. 내용 중에 자신의 인성이 드러나면 좋겠다. 가령 가치관이나 신념 등이 은연중에 드러나게 작성하라는 것이다.

5. 소재는 1000자 한 가지나 500자 두 가지로 구성하면 된다.

☞수정 전과 후는 앞에서 많이 다루었으므로 여기서는 생략한다. 대신 사례가 중요하기 때문에 사례 부분을 더 다루었다.

*자기소개서 사례〈가치 표현을 기준으로〉

1. 나눔과 배려

2학년 때 다른 학생과 천체관측의 즐거움을 나누고 싶어 천체관측 동아리인 '프레세페'를 개설했습니다. 대부분의 친구는 천체관측에 대해 어떻게 접근해야 하는지에 대한 방법을 몰랐습니다. (S) 그런 친구들에게 천체관측에 필요한 자료를 나누어주고 관측하는 방법에 관해 설명해주는 등 배려를 해주었습니다. (I) 그런 후 함께 천체 관측을 했는데, 첫 번째 관측회가 가장 기억에 남습니다. 하늘에 떠 있던 목성을 망원경에 카메라를 연결해 확대해 보여주었습니다. 그러자 모두 카메라 화면에 떠 있는 자그마한 목성에 집중하며 이게 진짜 목성이 맞느냐며 신기해했습니다. 어떤 친구는 너무 신기하다며 5분이 넘도록 목성만 보기도 했습니다. (A) 이 동아리 모임을 통해 친구들과 천체뿐만 아니라 다른 공동관심사에 관해서도 많은 부분을 공유할 수 있었습니다. (R) 제가 가지고 있는 지식을 다른 사람들과 나누며 배려했던 것이 그들에게는 새로운 세계를 접하게 했고, 저 또한 이 활동을 통해 큰 보람을 느낄 수 있었습니다. (F) [496]

2. 배려

예문 1

1학년 때 우산 도우미가 충실히 역할을 하지 못하여 교실 바닥에 물이 흘러 친구들이 미끄러지는 사고가 자주 발생해 불편함을 느꼈습니다. (S) 그래서 2학년이 되면 우산 도우미를 맡아 반 친구들이 안전한 학교생활을 할 수 있게 도움을 주고 싶다는 생각이 들어 우산도우미

활동을 자원했습니다. (I) 일기 예보를 매일 확인하여 비가 온다는 예보가 있으면 반 친구들에게 하루 전날 알려주어 대비하게 하였고, 비가 오는 날이면 아침 일찍 등교하여 미리 바닥에 수건을 깔아 놓았습니다. 처음에는 일기예보를 확인하여 알려주는 것과 미리 교실 문 앞에 우산을 넣을 수 있는 통을 가져다 놓는 것이 익숙하지 않아 힘들었습니다. (A) 하지만 저의 작은 나눔으로 친구들이 수월하게 등교할 수 있어 느낀 보람은 아주 컸습니다. (R) 이런 지속적인 활동은 '유비무환'의 교훈을 깨닫게 해주었고, 단지 불편함을 없애려고 시작한 도우미 역할이 책임감의 중요성을 깨닫게 해주었습니다. (F)

예문 2

1학년부터 2학년 1학기까지 기숙사 생활을 하였습니다. (S) 몸속 기관인 대장이 좋지 않음에도 불구하고 충실히 학교생활을 하는 반장이 기숙사 생활을 하였기에, 그와 함께 생활하기 위해서였습니다. (I) 반장은 몸 사정 때문에 수업 시간에 책상 위에 엎드려 있어 수업을 듣지 못하는 경우가 많았습니다. 그 때마다 수업시간에 들은 내용을 정리해서 자습시간에 주었습니다. 또한 가끔 다른 친구들이 간식을 먹을 때 먹지 못하고 항상 구경만 하는 반장 모습이 마음에 걸렸습니다. 그래서 기숙사 친구들에게 반장 앞에서는 간식 먹는 모습을 보이지 말 것을 제안했습니다. 또한, 음식을 먹고 구토를 하기도 했는데, 등을 두드려주거나 토한 음식물을 치워주기도 하였습니다. (A) 저의 조그만 도움이 힘이 되었던지, 몸이 아픈데도 불구하고 누구보다 열정적으로 반장으로서 책임을 다하고 학업에도 열중하였습니다. (R) 그런 반장을 도와주면서 소중한 깨달음을 얻게 되었습니다. 사람이 살아가는 과정은 서로 돕고 배우는 과정이며, 공부든 무엇이든 몸보다는 마음가짐과 정신력이 더 중요하다는 것을 알게 되었습니다. (F)

예문 3

2학년 수련회를 갔을 때, 둘째 날 지리산 천왕봉을 올랐습니다. 산에 오를 때 점차 힘이 들었지만, 정상에 빨리 오르고 싶다는 생각에 계속 앞으로 나아갔습니다. (S) 그러던 중 같이 올라가는 한 친구가 너무 힘들어하던 모습에 짐을 같이 들어주기로 하였습니다. (I) 서로가 힘들었지만, 친구의 무거운 짐을 나누며 같이 정상에 올라야겠다고 다짐하였습니다. 올라가는 도중엔 포기하고 싶은 마음이 굴뚝같았지만, 마침내 천왕봉을 올랐습니다. (A) 고맙다는 친구의 말을 들었을 때 느낀 성취감은 피로를 잊게 할 정도로 엄청났습니다. (R) 평소 친구들을 도와주는 건 좋아하지만, 진정으로 도움이 필요한 친구를 도와주는 것이 얼마나 중요한지 다시 한번 깨달을 수 있는 계기가 되었습니다. 그리고 힘든 친구를 도와줌으로써 얻을 수 있는 즐거움은 매번 어려운 사람을 도와줄 수 있는 원동력이 되었습니다. (F)

3. 협력

예문 1

2학년 때 학급 반장을 할 때 많은 일이 있었지만, (S) 가장 기억에 남는 것은 지진이 났을 때였습니다. (I) 당시 조용히 자율학습을 하던 중이었는데, 갑자기 '쿵'하는 소리가 나며 건물 전체가 크게 흔들렸습니다. 순간 모두는 얼어붙었고 어떻게 해야 할지를 몰랐습니다. 순간 반장으로서 학생을 안전하게 대피시키는 방법을 빠르게 생각해보았습니다. 전에 텔레비전으로 본 장면이 얼핏 생각났습니다. 지진이 일어나면 빨리 건물 밖으로 대피를 하거나 책상 밑으로 피해 떨어지는 물건으로부터 몸을 보호해야 한다는 것을. 급하게 다른 반의 반장을 찾아 대피시킬 것을 협의했고, 친구들을 운동장으로 대피시켰습니다. 또한 친구들을 안정시키고 혼란을 막기 위해 두 줄로 세웠습니다. (A) 친구들은 혼란스러운 와중에도 저희를 믿고 따라주었고, 덕분에 빠르게 안정을 찾았습니다. (R) 정말 무서웠던 상황이었지만, 이 경험을 통해 서로가 서로를 믿고 협력한다면 세월호와 같은 위기상황에 처해도 잘

극복할 수 있다는 것을 배웠습니다. (F) [498]

예문 2

학교 옥상에 있는 공간에 2명이 한 조가 되어 '나눔 텃밭'을 가꾸기로 하였습니다. (S + I) 저는 친한 친구와 한 조가 되어 참여하였고, 처음에는 식물에 물을 주기도 하고 재배일지도 썼습니다. 그러자 식물이 하루가 다르게 싱싱하게 커갔고 생명의 경이로움까지 느꼈습니다. 하지만 시간이 지나면서 친구가 소홀하기 시작했고 그런 친구와 관계도 소홀해졌습니다. 그러자 저도 텃밭에 관심이 줄어들었고, 어느 날 텃밭에 가니 작물들은 시들어 있었습니다. 그것은 저와 친구와의 멀어진 관계를 상징하는 것처럼 보였습니다. 안 되겠다는 생각이 들어 친구를 텃밭으로 데리고 가서 시든 식물을 보여주며 텃밭을 살리자고 설득을 하였습니다. 시들은 텃밭을 본 친구와 저는 다시 협력하여 텃밭을 가꾸기 시작했습니다. (A) 시간이 얼마 정도 지나자 다시 잎들은 싱싱해졌고 친구와 저의 관계도 싱싱해진 식물처럼 다시 살아났습니다. (R) 이 활동을 통해 식물에 지속적인 관리가 필요하듯 사람과의 관계에도 꾸준한 관리가 필요함을 느끼게 되었습니다. (F)

4. 나눔

예문 1

고등학교 재학 기간 동안 자주 요양 병원에 가서 봉사활동을 했습니다. (S) 처음에는 미숙했지만, 횟수를 거듭할수록 병원에 계신 어르신들의 수발을 드는 것이 익숙해졌습니다. (I) 청소를 하면서 병실을 다니면 제 얼굴을 기억하시곤 또 왔냐며 친근하게 말을 걸어 주시는 분도 계셨고, 간식을 챙겨 주시는 분도 계셨습니다. 말벗이 되어서 하시는 말씀을 들어주면 아주 좋아하셨습니다. 그런 모습에 감동했고, 주말이면 더 열심히 봉사를 다니게 되었습니다. 막상 가까이에서 뵙게 된 어르신들은 생각보다 더 많이 외로워 보였습니다. 그래서 병실을 다니면서도 청소만 하는 것이 아니라 어르신들께 인사라도 한 번 더 하자 하는 마음으로 봉사에 임했습니다. (A) 봉사하는 일이 힘들기도 했지만, 마음을 열어주시는 어른들을 때할 때마다 (R) 마음에서 새로운 힘이 솟아나는 것을 느꼈습니다. 이 활동을 통해 남을 돕는 것은 마음의 힘을 기르는 일임을 느끼게 되었으며, 그 힘은 앞으로도 봉사하는 삶을 살겠다는 다짐이 되었습니다. (F) [494]

예문 2

피아노를 전공한 어머니가 연주하시는 아름다운 소리는 제 마음을 편안하게 했습니다. (S) 이런 경험은 다른 사람에게도 음악으로 행복을 전해주고 싶다는 생각을 가지게 했습니다. (I) 같은 생각을 가진 친구들을 모아 '삼산 오케스트라'라는 음악 동아리를 만들었습니다. 유치원에 봉사를 하러 갔을 때, 유치원 원아를 대상으로 작은 음악회를 열었습니다. '라데츠키 행진곡'과 동요를 부원들과 함께 연주하였는데, 공연이 끝난 후 아이들의 얼굴은 웃음으로 가득 찼습니다. 그 모습을 본 저와 부원들은 음악을 통해 즐거움을 나누는 것에 대한 행복을 느꼈습니다. 이러한 경험을 바탕으로 공부에 지친 학생들을 대상으로 음악을 통해 치유하는 시간을 갖고 싶어, 교내에서 주관하는 '솔누리 음악회'에 참여하였습니다. (A) 공연이 끝난 후 친구들의 박수를 받으며, 제 마음에도 잔잔한 감동이 일렁거렸습니다. (R) 그리고 나눔은 작은 것이라 하더라도 진심이 담기면 남에게 도움과 위로가 될 수 있다는 것과 나누는 것은 곧 받는 것이라는 것을 느끼게 되었습니다. (F)

5. 갈등관리
예문 1

학급 대부분의 친구와 친했으며 수업 시간에는 분위기메이커의 역할을 했습니다. (S) 이처럼 친화적인 성격 덕분에 팀장이 되어 동아리를 주도하기도 했습니다. (I) 동아리 활동을 할 때, 활동 방법에 대해 의견충돌이 있었습니다. 화학과 생물 교과에서 배운 내용과 관련된 실험을 하자는 쪽과 실용적인 발명품들에서 교과 원리를 찾는 활동을 하자는 쪽으로 나뉘어 대립하였습니다. 저는 아무래도 교과 공부와 실험을 학기 중에 병행하는 것은 어렵다고 판단하여, 처음에는 실험하는 것에 반대하였습니다. 하지만 저 생각이 그렇다 하여 다른 의견을 수용하지 않는 것은 불합리하다고 판단하였습니다. 그래서 한 달에 두 번 동아리 활동을 하니 두 방법을 한 번씩 하면 어떻겠냐는 절충안을 내놓았습니다. (A) 제 의견에 모두 찬성했으며, 동아리 활동을 원활히 진행할 수 있게 되었습니다. (R) 어떤 갈등 상황에 처했을 때, 상대방의 의견을 무시하기보다는 대화로 풀고 해결책을 찾으면 그 갈등은 해소될 수 있다는 것을 느꼈습니다. (F) [496]

예문 2

"힘듦은 행복의 꽃을 피우는 씨앗입니다." 저희 학교에 미국인 흑인 친구가 있었습니다. (S) 다른 여자아이들이 흑인과 관련된 이야기를 하는 것을 옆에서 흘려들은 미국인 친구는, 흑인 비하하지 말라며 화를 내었습니다. (I) 여자아이들은 흑인을 비하한 것이 아니라 그냥 이야기를 한 것뿐인데, 화를 냈다는 이유로 오히려 흑인을 비하하는 말을 하며 돌아다녔습니다. 그런 상황을 지켜본 저는 서로의 오해를 풀어주고 화해를 시켜야겠다고 생각했습니다. 흑인 친구와 다른 여자 친구들을 각각 찾아가 서로가 오해하고 있는 상황에 관해 설명하고 화해시켰습니다. (A) 자칫 국제 문제로 넘어갈 수 있어 교장 선생님까지 민감한 관심을 가졌던 갈등 문제를 저의 노력으로 해결하였습니다. (R) 서로 화해하는 모습을 보았을 때의 기쁨은 말로 표현하기 어려울 정도였습니다. 다양한 친구들이 모인 국제학교의 특성상 힘든 점이 많았지만, 힘듦보다 그것을 해결하고 얻는 행복함이 더 크다는 것을 느꼈습니다. (F) [478]

예문 3

수학 동아리 활동을 할 때 친구와 갈등이 있었습니다. 4명이 한 조가 되어 수학 퀴즈를 만들어서 동아리 부원들에게 발표해야 되는 상황이었습니다. (S) 발표 방향을 정할 때 저와 다른 두 친구는 같은 발표 방향을 정했지만, 나머지 한 친구는 저희와 다른 방향을 하자고 주장했습니다. (I) 토론 과정에 친구의 발표 방향이 틀린 것이라고 주장했고, 우리의 내용으로 하자고 강요했습니다. 결국 그 친구와 갈등이 깊어지며 우리의 방향인 다수 의견으로 ppt를 만들고 발표를 하게 되었습니다. 그리고 어느 날 도서관에서 책을 고르던 중 '다름과 틀림 소수자'라는 제목의 책을 보게 되었고 문득 그 친구가 생각나 읽어보았습니다. 그 책에서 소수자의 생각이 틀린 것이 아닌 다르다고 받아들여야 한다는 문구가 제 마음을 흔들었습니다. 마찬가지로 그 친구의 발표 방향이 틀린 것이 아닌, 단지 우리와 다른 것이라는 것을 느꼈습니다. (A) 그리고 친구를 찾아가 생각이 틀렸다는 것이 아니라 다르다는 것을 미처 알지 못하였다고 경솔함을 사과했습니다. (R) 이 일을 계기로 생각의 관점에 대한 중요함을 느끼게 되었습니다. (F)

6. 봉사활동

예문 1

생기부에 기재되지 않지만, 도우미가 필요한 학교 체육 행사가 있었습니다. 생기부에 기재되지 않는다는 말에 많은 학생들이 신청하기를 꺼렸습니다. 하지만 저는 생기부 기록보다는, 도움을 주는 사람이 되고 싶어 신청했습니다. (S) 여러 가지 특별한 옷을 입고 행사에 참여하는 친구들과 달리 저는 하루 종일 필드를 바쁘게 움직여야 했습니다. (I) 경기를 할 때마다 다음 경기 준비, 필드 정리 등 할 것이 많았습니다. 대회를 진행하는 중 바람이 심하게 불어 친구들이 앉아 있는 천막이 위태롭게 흔들렸습니다. 천막이 무너질 수도 있는 위험한 상황이라, 제가 천막을 묶은 철사를 잡고 한 시간 넘게 바람이 잔잔해질 때까지 지탱했습니다. (A) 체육대회 날이라 스파이더맨 복장으로 천막을 붙잡고 있는 제 모습을 본 옆 반 선생님께서 "우와, 스파이더우먼을 실제 보는 것 같네."라며 칭찬해주셨습니다. (R) 몸은 힘들었지만 뿌듯함이 더 컸습니다. 이 일을 통해 진정한 봉사는 대가를 바라지 않는 것에서 더욱 빛나는 것임을 알게 되었습니다. (F) [509]

예문 2

학교에서 실시한 봉사활동인 '1318 프로젝트'에 참여하게 되었습니다. '1318 프로젝트'는 독거노인을 정기적으로 찾아가 봉사하는 활동입니다. (S) 처음 봉사활동을 시작할 때 한 할머니 집을 방문했었는데, 저를 보신 할머니의 인상이 많이 굳어져 있었습니다. (I) 관리자분께서는 앞에 봉사를 하던 분들이 모두 일회적 방문에 그쳤고, 그로 인해 할머니가 마음의 상처를 받으셨다고 하였습니다. 그 말을 듣고 처음엔 어렵더라도 꾸준히 찾아뵈어 할머니의 마음을 열어드리자고 다짐하였습니다. 먼저 편지쓰기, 집 청소하기와 같은 쉬운 일부터 시작하였습니다. 그리고 평소에도 꾸준히 안부 전화를 드렸습니다. (A) 그 이후 할머니는 점차 저에게 마음을 열어주셨고 만날 때마다 환한 얼굴로 저를 맞이하여 주셨습니다. (R) 이 일을 통해 봉사하는 마음은 일회용으로 보여주기식이 되어서는 안 하느니만 못하다는 것을 느끼게 되었으며, 진정한 봉사는 물질적인 것보다 정신적인 위안을 주는 것이 더 중요함을 알게 되었습니다. (F) [494]

예문 3

요리 동아리 "CULIARTE"에서 활동하던 중 불우 친구 돕기를 하기로 하고, (S) 스모어, 연유 초콜릿, 컵케이크 등 3가지 메뉴를 만들어 전교생에게 판매했습니다. (I) 평소에 적은 양의 홈베이킹은 만들어보았지만, 다량으로 만드는 것은 처음이라 걱정을 했습니다. 하지만 동아리 부원들과 함께 하니 많은 주문을 짧은 시간 내에 완성할 수 있었습니다. 이 일을 하면서 어려운 점도 있었습니다. 연유 초콜릿을 만들던 중 맛이 이상해지는 일이 발생하였습니다. 부원들과 함께 머리를 맞대고 고민을 하던 중, 물엿을 넣으니 맛이 더 좋아졌습니다. (A) 그렇게 저희가 만든 디저트는 학생들에게 모두 팔렸고 그 수익금을 전부 기부하였습니다. (R) 이 경험을 통해 학생들에게 맛있는 디저트로 행복감을 주었을 뿐만 아니라, 저의 수고와 노력이 어려운 사람들에게 조금이나마 보탬이 되었다는 사실에 큰 보람을 느꼈습니다. 또한, 아무리 작은 봉사라 할지라도 사람이 사람을 돕는 일인 만큼 값진 일은 없다는 것을 깨닫게 되었습니다. (F)

7. 1,000자 속에 배려와 갈등관리 가치 표현

완벽주의적인 성향이 강하고 책임의식 남달랐던 저는 모든 일에 적극적이었습니다. 하지만 바로 이러한 저의 성향은 때론 갈등상황을 불러일으키기도 했습니다. 특히 비교과 과목의 그룹 과제를 수행하는 과정에서 종종 나타나곤 했습니다. 평소 과제가 주어졌을 때 비교과 과목에 시간 낭비하기 싫다는 아이들의 반응에 상당한 반감을 느꼈고, 오기가 생겨서 어떻게든 좋은 결과를 도출해내려고 애썼습니다. (S) 그러다 보니 몇몇 참여도가 낮은 조원들 대신 제가 모든 일을 떠안는 방법을 택하는 일이 많아졌습니다. 또한, 그것이 조 내에서의 갈등을 없앨 수 있는 최선의 방법이자 나름의 배려라고 생각했습니다. (I) 2학년 때 미술 수행 과제로 큰 규모의 조별 과제를 준비하였습니다. 처음에 조원들은 활동에 소극적인 모습을 보였고 열심히 해보려는 저의 모습을 보고 어리석다고 말하였습니다. 이러한 조원들의 모습을 보고 상당한 배신감을 느낀 저는 늘 그래왔듯 모든 일을 홀로 떠안았습니다.

하지만 시간이 흐를수록 모든 일을 혼자 감당하기에는 버겁다고 느끼게 되었습니다. 이때부터 조원들을 일일이 찾아다니고 설득하면서 각자에게 크고 작은 역할들을 하나씩 분담해주었습니다. (A) 놀랍게도 저의 우려와는 달리 조원들은 조금씩 마음을 열기 시작했고 활동을 즐거워하며 새로운 아이디어도 적극적으로 제시했습니다. (R) 배려라고 생각했던 그동안의 저의 행동이 잘못되었고, 은연중에 제가 조원들의 능력을 과소평가 했으며 스스로 오만했다는 것을 비로소 깨닫게 되었습니다. 조원들에게는 저의 완벽주의적인 성향이 오히려 부담이었고, 제가 모든 일을 떠안으려고 했기 때문에 조원들은 조 내에서 본인들의 역할을 찾지도 못했으며, 그럴 기회조차 가질 수 없었다는 것을 알게 되었습니다. 조원들과 함께 일을 분담하니 일이 훨씬 수월했고 조별 활동이 더욱 즐거웠습니다. (F) 저희는 모든 조 중 가장 팀워크가 좋은 조가 되었고 가장 좋은 평가를 받을 수 있었습니다. (R) 너무 지나친 배려는 오만이 될 수도 있다는 것을 깨닫게 된 소중한 경험이었습니다. (F) [989]

5장

일반 대학교 4번
문항(교대 제외)
ㅡ교대는 7장에서
별도로 다룸

일반 대학교 4번 문항(교대 제외)
-교대는 7장에서 별도로 다룸

*4번 문항 설명

공통문항은 고등학교 시절 겪은 것을 적지만 4번 문항은 앞으로 해야 할 것에 대한 답변을 요구한다. 그렇기에 작성하기가 쉽지가 않다. 또한, 4번 문항은 대학별로 문제가 조금씩 다르다. 하지만 대체로 서울대와 교대 등 특별한 몇몇 대학을 제외하고는 지원동기, 학업계획, 진로계획 등을 묻는다. 그리고 고려대학교 등 몇 개의 대학은 "대학이 지원자를 뽑아야 되는 이유를 말하라" 등의 특이한 질문도 있다. 그리고 진로에 대해 고등학교 때 어떤 준비와 노력을 했는지를 묻는 대학도 있다. 그렇기 때문에 4번 문항에 대해 가장 많은 대학이 묻는 질문과 특이한 질문으로 나누어 작성 방법을 설명하기로 한다.

공통적으로 지원자가 해야 할 사항

1. 먼저 지원하는 대학교의 홈페이지에 들어가 인재상 등 그 학교에 관한 연구를 해야 한다. 대학에서 요구하는 학생이 어떤 학생인지를 알아야, 나는 그에 맞는 학생이라는 글을 쓸 수가 있다.

2. 지원하는 학과에 들어가 학과 소개하는 글을 읽어보아야 한다. 교육목적, 졸업 후 진로 방향, 동아리, 커리큘럼, 교육 시설 등 필요한 것은 자세하게 읽고 숙지를 해야 한다. 그래야 자기소개서 쓸 때뿐만 아니라 면접 시에도 유용하다.

*일반 대학교 4번 문항 유형 구분 그리고 예문

-유형 구분 설명

학교에 따라 자기소개서가 필요 없는 대학도 있고, 공통 문항만 있는 곳도 있으며, 4번 문항까지 요구하는 대학이 있다. 대부분 4번 문항은 비슷하지만, 교육대학은 문항이 많이 다르다. 그래서 교육대학은 따로 다루기로 한다.

문제 유형은 크게 9가지로 구분할 수 있다. 물론 구분하는 사람의 기준에 따라 다르지만, 이 책에서는 교육대학을 제외한 일반 대학은 아홉 가지 유형으로 분류, 교육대학은 학교 별로 분류 및 설명을 했다. 그리고 각 유형마다 작성법과 예문을 들어 이해하기 쉽게 구성했다.

※중간에 진로가 바뀐 부분이 있다. 그 이유도 간단하게 설명해주면 좋겠다. 진로가 바뀌는 것은 전혀 문제가 되지 않는다. 사정관도 고등학생 시절 진로가 바뀌는 부분에 대해 문제시하지 않는다. 하지만 바뀐 이유(계기) 정도의 설명은 해주는 것이 좋다.

1. 유형1 지원동기

대학교, 학과, 전공, 학부 등에 지원하게 된 동기. 명시되지 않았다면 학과에 대해서는 전공을 선택한 동기와 대학교에 대해서는 인재상, 교육과정, 진로 등이 자신에게 적합하다는 형태로 작성하면 된다. 그러려면 지원 대학교에 대한 연구가 선행되어야 한다. 지원대학교의 홈페이지에 들어가 가능한 많은 정보를 찾아야 하고, 최근 이슈가 된 사항이 있는지 인터넷 검색도 해보아야 한다. 자기소개서만 보고도 이 학생은 진짜 우리 대학교에 오고 싶어 하는구나 하는 인상을 심어주기 위해서는 가능한 구체적으로 서술해야 설득력을 가질 수 있다.

1) 꿈(목적, 목표)을 명시하고 그 꿈을 가지게 된 동기. (직접적인 동기, 경험, 사유를 구체적으로 명시할 것)

2) 그 꿈에 대해 관련된 사항 뒷받침

　가. 그 꿈에 대해 알고 있는 내용

　나. 꿈과 관련되어 활동한 것

　다. 그 꿈의 어떤 부분을 더 공부하고 싶은지

　라. 그 꿈이 가지는 개인적, 사회적 의미

　마. 장래 비전

3) 지원대학교(학과, 전공)의 교육과정, 교육 목표, 인재상 등이 자신의 꿈, 진로계획과 부합한다든지, 꼭 필요한 과정이 있다든지 하는 내용.

==〉이때는 필히 지원대학교, 지원학과 홈페이지에 들어가서 커리큘럼 교육목표, 인재상 등을 살펴보아야 한다.

==〉구성 형식은

　ⓐ전공(꿈, 장래 희망)을 생각하게 된 직, 간접 동기

　ⓑ그 동기에 대한 뒷받침 문장

　ⓒ지원대학교, 지원학과에 지원한 이유 이렇게 3가지로 구성하면 된다.

이해를 돕기 위해 각 예문에 ⓐⓑⓒ를 표시하겠으니 참고하기 바란다.

예문1

조립과 창조를 즐겨 했던 어릴 때부터의 꿈은 건축에 관련된 일을 하는 것이었습니다. '건축, 권력과 욕망을 말하다.'에서 읽었던 내용 중 사람의 편의에 따라 건축물이 영향을 받는 것이 아니라, 오히려 지어진 건축물이 그 공간에 있는 사람들에게 영향을 준다는 것이 인상적이었습니다. 그것을 계기로 건축에 대해 매력을 느끼게 되었고, 건축과 관련된 엔지니어가 될 꿈을 가지게 되었습니다. ⓐ 그 이후 건축 구조물과 관련된 다양한 정보를 얻기 위해 많은 활동을 하였습니다. 건축 구조물에 관련된 도서를 읽고, 건축박람회나 도시 구조물에 대한 미술 전시회를 보기도 하였습니다. 이러한 활동을 하며 토목공학은 건축 구조물의 기본적인 형태라는 것과 인류 문명의 시작과 함께 자연과 인간, 구조물과 소통하며 풍요로운 세상을 만드는 가치 있는 학문이라고 생각하게 되었습니다. ⓑ 특히, "열린 사고로 인류의 밝은 미래를 창조한다."는 부경대학교 토목공학과의 교육이념은 창조적인 배움의 길을 가려 하는 저에게 좋은 기회를 제공해 줄 수 있을 거라는 생각이 들었습니다. 사회기반시설 건설물을 건축, 확충, 유지, 관리해야 하는 토목공학은, 그 적용 범위가 광범위하기 때문에 설계 및 엔지니어가 꿈인 저에게 공학의 전반을 배울 수 있게 하며, 또 졸업 후 진로 선택의 폭도 넓다고 생각하여 지원하게 되었습니다. ⓒ

예문2

귀신 카페 운영을 통해 직접 마케팅에 대해 접해보면서 경영 분야에 관심을 가지게 되었습니다. ⓐ 경영에 대해 더 자세히 알고 싶어 경영학 콘서트라는 책을 읽게 되었습니다. 내용 중 수익경영이 인상 깊었는데, 수익경영이란 상품의 가치에 따라 합리적인 방식으로 가격에 차별을 두는 경영이라고 했습니다. 경영에 관심을 가지고 나름 공부하는 과정에서 경영 컨설턴트라는 직업을 알게 되었습니다. 1, 2학년 때에는 단순히 영어를 좋아해 영어와 관련된 꿈을 가졌지만, 경영에 대해 간접적으로 경험해보고 구체적인 내용에 대해 알아가면서 경영 컨설턴트를 꼭 해 보고 싶다고 생각했습니다. 경영 컨설턴트라는 직업을 갖기 위해서는 경영학에 대해 구체적으로 공부를 하는 것이 필수라서, 경영학과에 진학하고 싶다는 생각을 가지게 되었습니다. ⓑ 부산대학교에 입학하여 글로벌 시대의 끝없는 경쟁 속에서 확고한 경영지식을 확립하고 싶습니다. 폭넓은 교육을 위해 부산대의 PNU international 프로그램에 참여하여 해외와의 교류를 통해 국제적인 감각을 기르겠습니다. 또한 기업의 리더가 가져야 할 사회적 책임에 대해서도 자세히 알아가고 싶어 지원하게 되었습니다. ⓒ

예문 3

어렸을 때부터 로봇에 관심이 많아서 로봇에 관련된 공부를 하였습니다. ⓐ 또한, 프로그래밍, 모터 제어 등을 공부하며 여러 대회에 나가 로봇에 관한 다양한 경험을 했습니다. 그러던 중 오토테스크 인벤터 프로그램을 이용한 설계를 배우게 되었고, 로봇이나 기계의 외형을 설계하는 것에 흥미를 가지게 되었습니다. 로봇은 여러 과학이 융합된 학문입니다. 그중에서도 로봇의 실체를 현실화하기 위해서는 기계공학이 필요합니다. ⓑ 그래서 기계에 대한 설계와 제어를 전문적으로 배울 수 있는 동국대학교 기계로봇에너지공학과가 저에게 필요하다고 생각했습니다. 입학하여 공부한다면 실질적으로 활용 가능한 지식뿐만 아니라 정보를 창출하는 창의적 지식도 배워 전문성을 갖출 수 있다고 생각합니다. 그렇게 공부를 한 후 동국대학교에서 추구하는 민족과 인류 사회의 이상 실현에 기여할 도덕, 창조를 넘어선 지도적 인재가 되고 싶습니다. ⓒ

예문 4

　어릴 때부터 여러 가지 기계들을 만져 보는 것을 좋아했습니다. 특히 포털 사이트에서 기본적으로 제공하는 블로그나 카페 등이 마음에 들지 않을 때, 굳이 배우지 않고도 직접 작동법을 검색하여, 저만의 홈페이지를 제작하곤 했습니다. 그러다 고등학교 2학년 때 정보 과목을 수강하면서 프로그래밍을 배우게 되어 컴퓨터 공학에 큰 관심이 생겼습니다. ⓐ 또한, 아두이노를 사용하여 홈오토메이션을 직접 제작해 보는 수업이 있었습니다. 그 수업에 참여하여 아두이노에 진동 장치, 블루투스를 연결하는 법을 배우고, 그것들을 컴퓨터와 연결하여 작동시킬 수 있는 코드를 C언어로 작업하는 과정을 경험했습니다. 그런 과정을 거치며 보다 심화한 내용을 제대로 배운다면 더 좋으리라 생각했습니다. ⓑ 그래서 컴퓨터 하드웨어 및 소프트웨어에 대해 앞서가는 이론과 전문적인 기술 교육 시스템이 잘 갖추어진 부산대학교 컴퓨터 공학과에 지원하였습니다. 여기서 공부를 하여 첨단 분야를 선도할 컴퓨터 공학자가 되겠습니다. ⓒ

예문 5

　중학교 때, 스마트 폰을 처음 접했습니다. 스마트 폰을 사용하면 할수록 재미가 있어서, 스마트 폰 자체뿐만 아니라 그에 사용된 하드웨어 부품, 소프트웨어까지 관심이 생겼습니다. ⓐ 그러던 중, 고등학교 때 스마트 폰이 고장 나서 분해할 기회가 생겼습니다. 분해를 하던 중 디스플레이, 기판, 카메라 등 다양한 부품들을 보면서 그 부품에 어떠한 기술이 사용되었는지 궁금했습니다. 조사하던 중 OLED 디스플레이, LCD, 스마트폰의 기판에 스크린 인쇄라는 기술이 들어가는 것을 알게 되었습니다. 이러한 경험을 통해 스크린 인쇄에 대해 흥미를 가지게 되면서 전 세계에서 인정하는 디스플레이의 인쇄기술을 개발하겠다는 꿈을 가지게 되었습니다. ⓑ 그래서 해외 시장에 대한 무한한 도전과 개척 정신으로 글로벌 역량을 갖춘 인재로 성장시키는 부경대학교 인쇄정보공학과에 지원하게 되었습니다. ⓒ

예문 6

고등학교 시절 프랑스에 간 적이 있습니다. 그곳에서 홈스테이를 하였는데 여주인이 "프랑스어 많이 배워서 꼭 UNESCO로 들어오라'고 했습니다. ⓐ UNESCO를 탐방했던 저로서는 큰 영광이었습니다. 유네스코를 탐방하면서 가장 놀라웠던 것은 유네스코 전시관에 오래된 한글 교과서가 있었던 것입니다. 일제 탄압과 전쟁으로 폐허가 되었지만, 오늘날의 대한민국이 될 수 있었던 점, 그것은 언어를 지키고자 했던 우리 선조가 있었기에 가능했습니다. 세계가 본받을 점으로 꽂혀

있는 한글을 보았을 때 울컥했습니다. 또한, 유네스코에서 세계를 위하여 일하는 분들의 모습이 존경스러웠고, 저도 유네스코 본부에서 일하고 싶다는 꿈을 가지게 되었습니다. ⓑ 그래서 미래의 가치를 품은 글로벌 숙명여자대학교의 교육 프로그램에서 공부하여 세계의 무대에서 빛을 발하는 전문가가 되겠습니다. ⓒ

예문 7

자동차와 비행기에 대해 관심이 많았습니다. 특히 전차와 같은 전투차량을 매우 좋아하여서 관련된 책들을 읽기도 하였고, 인터넷 밀리터리 카페에 가입하여 여러 가지 정보들을 나누기도 하였습니다. 고등학교 1학년 때 안보강연회에 참여하여 우리나라의 안보상황과 여러 가지 신무기들에 대한 강연을 듣게 되었는데, 우리나라는 아직 독자기술로 만든 무기가 많지 않아 대부분의 무기를 수입하느라 국방비 지출이 많다는 것을 알게 되었습니다. 그것은 무기분야 공학자의 꿈을 가지게 된 계기가 되었습니다. ⓐ 역사를 돌아보면 국방을 튼튼히 하지 않아 시련을 겪은 사례가 많습니다. 저는 다른 나라가 우리나라를 넘보지 못하게 최신무기들을 개발하여 국가안보를 튼튼히 하는, 국방의 미래를 이끌어 나가는 무기 공학자가 되겠습니다. ⓑ 부산대학교는 상상력과 창의력을 기반으로 하여 학문적 발전을 도모하여, 창의적이고 융합형 인재를 양성한다는 것을 알게 되었습니다. 미국이 개발하려던 '신의 지팡이'라는 무기를 보면서, 국방 분야에서의 뛰어난 기술력도 필요하지만 많은 창의력이 필요하다고 생각하였습니다. 부산대학교 기계공학과는 제가 가진 창의력을 학문적 기반 위에서 더욱 성장시켜 줄 수 있는 있으리라 생각하여 지원하게 되었습니다. ⓒ

예문 8

'스키너의 심리상자 열기'라는 책에서 스탠리 밀그램의 복종 실험을 통해 권위에 복종하는 사람을 보고 "왜 그런 행동을 할까?"라는 의문을 가지게 되면서 심리학에 관심을 가지게 되었습니다. ⓐ 또한, 저는 심리 상담에 대해 경험을 하기 위해 3년간 또래 상담사로서 활동했습니다. 3년 동안의 활동은 단순히 심리에 대한 호기심을 해결했을 뿐만 아니라, 내담자들과 공감하는 과정에서 제 자신을 변화하게 했습니다. 어쩌면 상담을 통해 가장 크게 변화한 것은 저라는 생각이 들었습니다. 심리학은 마음을 과학으로 치료하는 학문입니다. 복잡하게 얽혀 있는 현시대의 속성상, 마음의 상처를 받아 아파하는 사람들이 많습니다. 육체적인 상처는 눈에 보여 치료를 하려 하지만, 눈에 보이지 않는 정신적인 상처는 병으로 인식하지 않는 경향이 있습니다. 저는 그런 사회 인식을 변화시켜 정신적인 고통을 겪는 사람들을 치료

해주고 싶습니다. ⓑ 저는 힘든 사람들을 위해 봉사하는 정신을 가지고 살아왔고, 이것은 부산대학교가 지향하는 인간상인 국가, 사회를 위해 지식을 활용하고 봉사하는 참 지식인과 부합한다고 생각되어 지원하게 되었습니다. ⓒ

2. 유형2 학업계획

1) 전공에 관련된 공부

커리큘럼을 참고하여 자신이 관심 있는 부분 기재, 학년별로 구성하는 것도 하나의 방법일 수 있으나 대학 4년을 상황별로 구분할 수도 있다. (예를 들면 교양과정이 주가 되는 신입생 생활, 전공 공부가 주가 되는 학교생활, 취업을 대비하는 졸업반)

또한, 전공 공부만이 학업 계획의 전부가 아니기에 학업과 관련된 여러 가지 계획을 세워 서술하는 것이 좋다. 학교 홈페이지, 인터넷 등을 통해 지원학교에 어떤 프로그램이 있는지를 공부한다면 학업계획을 자세하고 완성도 높게 적을 수 있다.

아래 사항을 참고하여 어떤 부분을 어떻게 이루어가겠다는 식의 구체적인 표현이 더 설득력이 있다.

2) 기타 학업 관련

가. 부전공

나. 동아리 활동(전공과 직접 관련이 있는 활동이 좋음, 동아리는 학과 내에 있는 것도 있으며, 학교 전체를 대상으로 하는 것도 있음.)

라. 어학 - 교환학생, 외국어 공부

마. 기타 - 인턴사원, 계절학기, 봉사활동, 아르바이트, 취미활동, 기타

바. 진로계획(장래희망)과 연관되게 작성하다.

==)다시 언급하지만, 필히 지원대학교, 지원학과 홈페이지에 들어가서 커리큘럼, 학교생활 등을 자세하게 살펴보아야 한다.

예문 1 학업계획1(지원동기, 학업계획, 진로계획이 1500자일 때)

입학한다면, 먼저 컴퓨터공학과의 커리큘럼에 나온 학과 수업에 충실하게 임하여, 컴퓨터 공학 전문가로서 지녀야 할 전문적인 지식을 공부하겠습니다. 그리고 고등학교 때 하고 싶었지만, 전문적인 지식이 부족해, 하지 못한 아두이노와 관련된 것과 실제로 우리가 평소에 컴퓨터에서 사용하는 여러 소프트웨어의 프로그램도 제작하고 싶습니다. 또한, untoC라는 지식 공유 목적의 동아리에 가입하여, IT 관련 프로젝트 진행과 발표대회, 알고리즘 대회. 공모전 참여, IT 봉사와

같은 활동을 하며, 실질적인 탐구와 실습을 통한 실력을 배양하겠습니다. 그리고 가능하다면 기업 맞춤형 교육프로그램(트랙)에도 참여하여 기업에 맞는 전문적인 지식도 갖추고 싶습니다. 그리고 해외 교환학생 프로그램이 있다면 참여하여 보다 시야를 넓히는 기회로 삼겠습니다. 또한, 졸업한 선배들이 현장에서 일하는 곳을 찾아가 효율적인 공부와 갖추어야 할 자질에 대해 조언을 구하고, 그것을 준비하겠습니다. 또한, 컴퓨터 공학 관련 자격증을 따서 미래를 대비하겠습니다.

예문 2 학업계획2(지원동기, 학업계획, 진로계획이 1500자일 때)

입학한다면 전공 공부는 물론 세계화에 맞는 인재가 되기 위한 실력을 배양하겠습니다. 우선, 차근차근 외국어 실력을 쌓겠습니다. 대외교류본부의 해외 교환학생 프로그램 및 장단기 초청 파견업무에 적극적으로 참여하겠습니다. 그리고 농촌 탐사 동아리를 만들어 각 지역을 탐방해 특산물 등을 조사하고 그 지역을 더욱 발전시킬 수 있는 모델을 만들고 싶습니다. 그런 후 3학년 때는 식품 및 농업 관련 산업인 애그리비즈니스론 등 사회적 수요가 큰 교과목을 수강하겠습니다. 그래서 기업이 필요한 인재가 되어 산학협동 연구에도 참여해보고 싶습니다. 또한, 농촌진흥청, 농업기반 공사와 같은 산업 현장에서의 취업이 용이하도록 인턴십 제도에도 참여하겠습니다. 4학년 때는 취업지원 프로그램을 활용하여 다양한 진로 취업 지원 서비스를 제공받으며, 4년 동안 준비한 것을 정리하여 실전에서 발휘할 수 있도록 하겠습니다. 또한 졸업생들을 찾아가 진로와 취업 방법에 대해서도 조언을 구하며 대화하는 시간을 갖겠습니다.

예문 3 학업계획3(지원동기, 학업계획, 진로계획이 1500자일 때)

부산대학교에 입학 후 저는 글로벌 시대의 다국적기업 속에서 효과적인 경영전략을 확립하기 위해 공부하고 싶습니다. 국제경영전략, 다국적기업관리론, 조직관리론, 글로벌시장조사론 등에 대한 전공 공부를 중점적으로 하고 싶습니다. 또한 글로벌 시대에 알맞게 무역학부를 부전공으로 국제무역에 대해서 추가로 공부하고 싶습니다. 경영 컨설팅에 대한 동아리 활동이 있다면 가입하여, 구성원들과 직접 컨설팅을 위한 계획도 세워보고 세계적으로 성공한 경영전략들을 살펴보겠습니다. 글로벌 시대에 대해 제대로 이해하고 경험해보기 위해 영어에 대해 더 심층적으로 공부를 한 뒤, 교환학생 프로그램을 통해 네덜란드의 흐로닝언대학에서 공부해보고 싶습니다. 영어는 물론 불어도 공부할 것이며, 어학연수를 통해 글로벌 시대에 맞는 인재로 성장하기 위해 더욱더 풍부한 경험을 하고 싶습니다. 교환학생으로 외국인 친구들도 사귀며 국제적인 감각도 기르고 싶습니다. 또한 저는 경영 컨설턴트를 위한 경영지도사 자격증을 취득할 계획입니다.

예문 4 학업계획4(지원동기, 학업계획, 진로계획이 1500자일 때)

부산대학교 심리학과에 입학하게 된다면 1학년 때는 심리학의 개론을 배우면서 기본적인 심리학에 대해서 공부하고, 교양과목으로 평소에 글쓰기에 관심이 많아 창의적 사고와 글쓰기를 수강하고 싶습니다. 2학년 때는 학습심리학과, 사회심리학을 비롯해 현 사회에 대한 심리학적 시각을 키워나가겠습니다. 3학년 때는 본격적으로 심리치료를 배워 심리상담사로서의 토대를 쌓겠으며, 위기와 스트레스를 통해 제 자신을 관리하는 방법을 배우겠습니다. 마지막으로 4학년이 되어 상담 이론을 배우고, 기계화되어가는 사회를 이해하기 위해 인간과 기계를 공부하겠습니다. 그리고 상담과 관련된 동아리 활동이 있다면 가입하여 대학 생활 중에도 학업과 생활에 지친 학우들을 위한 상담 활동도 하고 싶습니다. 그리고 현업에 종사중인 심리상담사를 찾아가 학부생에게 필요한 공부와 미리 준비해야 할 것들에 관한 인터뷰도 하여, 미래에 제가 현업에 나가 활동할 때를 대비하겠습니다. 또한, 대학 생활 중에 상담심리사 자격증을 취득하여 심리상담사를 위한 토대를 마련하고 싶습니다.

예문 5 학업계획1(지원동기, 학업계획, 진로계획이 1000자일 때)

　입학하게 된다면 트랙 중에서 평소에 관심이 많던 로봇 트랙을 집중적으로 학습하고 싶습니다. 로봇 트랙은 로봇에 관련된 기계공학뿐만 아니라, 인벤터를 통해 다뤄왔던 기계 전산 분야까지 배울 수 있기 때문에 더욱 관심을 가지고 공부하겠습니다. 또한 연소와 연료전지 부분도 열심히 배워서 로봇에 사용될 효율이 높은 연료전지도 만들어 보고 싶습니다. 교환 학생으로 갈 기회가 된다면 외국에 가서 글로벌 전문인이 되기 위한 경험도 하겠습니다.

예문 6 학업계획2(지원동기, 학업계획, 진로계획이 1000자일 때)

　경북대학교 일어일문학과에 입학한다면, 먼저 전공 부분에 충실히 임하겠습니다. 그런 다음 글로벌 시대를 맞이하여 다른 어학 부분도 공부하겠습니다. 특히 교환학생이 되어 일본에 가서 공부도 하겠습니다. 일본에서 유창한 언어 능력을 갖추는 것은 물론 일본 문화와 경제에 대해서도 공부하겠습니다. 그리고 일본어 관련 공부 동아리가 있다면 가입하여, 실질적으로 일본 문화에 관련된 공부도 하겠습니다. 그리고 미래를 대비하여 교직과정도 이수하겠습니다.

예문 7 학업계획3(지원동기, 학업계획, 진로계획이 1000자일 때)

입학하면 전공인 통계학과 함께 컴퓨터 공학을 부전공으로 선택하여 빅 데이터 전문가가 되기 위한 역량을 키우겠습니다. 또한 영어 공부에 집중하여 글로벌 시대에 걸맞은 인재가 되겠습니다. 재학 중 현장 실습에도 참여하여 산업 현장을 직접 체험하는 살아있는 경험도 해보고 싶습니다. 또한, 빅 데이터 전문가 양성과정과 그 활동들을 견학하거나, 인턴십으로 체험하는 기회가 있다면 꼭 참여하겠습니다. 데이터 분석 준전문가 자격증과 리눅스 마스터 자격증 등 관련 자격증 공부도 함께 하여 향후 취업을 위한 준비도 하겠습니다.

예문 8 학업계획4(지원동기, 학업계획, 진로계획이 1000자일 때)

우선 대학교에서 프랑스어와 프랑스 문화 등 전공학문에 대해 깊이 있게 공부하겠습니다. 그리고 DELF C2까지 자격증을 따겠습니다. 방학을 이용하여 공항에서 프랑스인들을 픽업하여 한국 여행 가이드해 주기와 같은 프랑스와 관련된 알바로 경험을 쌓겠습니다. 그리고 교환학생 프로그램이나, 프랑스 여행을 통해 프랑스에 대해 더 많이 알 기회를 가지겠습니다. 또한, 저의 꿈인 유네스코 본부에 입사하기 위해서는 어떤 준비가 필요한지에 대해 알아보고, 그에 대비한 준비를 하겠습니다.

3. 유형3 진로계획

먼저 10년 후, 20년 후의 자신의 모습을 그려본다. 지원학과의 홈페이지에 들어가면 보통 졸업 후 진로 방향이 명시되어 있으니 필히 참고하자.

1) 가능하면 구체적으로 작성하는 것이 좋다. 취직할 것인지, 대학원 진학을 할 것인지. 취직한다면 어떤 회사에 들어갈 것인지, 연구원을 할 것인지? 유학을 갈 것인지? 기타

2) 어떤 일을 할 것인지, 그 이유

3) 사정관도 납득할 수 있도록 작성하자.

4) 학업계획과 연관 지어 작성하자.

5) 사회에 어떤 식으로 보탬이 될 수 있을 것인지,

6) 마무리 정리

==〉이때는 필히 지원대학교의 지원학과 홈페이지에 들어가서 진로 부분을 살펴보아야 한다.

예문 1 진로계획 1(지원동기, 학업계획, 진로계획이 1000자일 때)

　대학 생활에서 연마한 지식과 자기계발을 통해 인쇄기술과 관련된 회사에 취직하겠습니다. 그곳에서 연구부서에서 근무하며 인쇄의 기

술적인 측면과 해외 시장의 기술발달 상황에 대해 충분히 공부하며 필요한 경력을 쌓겠습니다. 그런 경험을 토대로 저만의 인쇄기술을 개발하고 싶습니다. 우리나라는 먼 과거 조상 때부터 종이 인쇄기술이 세계 최고였습니다. 이제는 종이 위에서가 아닌 스마트 폰 기판 위에서 세계 최고의 인쇄기술을 개발하여, 국내뿐만 아니라 세계 최고의 인쇄기술을 보급하는 인재가 되겠습니다.

예문 2 진로계획 2(지원동기, 학업계획, 진로계획이 1000자일 때)

학부에서 유능한 인재로서의 기초를 다지고, 대학원에 가서 심화된 지식을 더 배우겠습니다. 이렇게 지식을 갖춘 후 로봇을 개발하는 연구소나 회사에 취직하여 더욱 발전된 로봇을 만들겠습니다. 사람의 생활을 편리하게 해주는 로봇뿐만 아니라 산업체에서 현재보다 업그레이드된 로봇을 만들어 활용될 수 있도록 하겠습니다. 또한, 다양한 분야에서의 로봇의 사용 가능성을 조사한 후 그에 적합한 로봇을 개발하여 인류에게 도움이 되도록 하겠으며, 그런 활동을 통해 동국대학교의 이름을 빛내겠습니다.

예문 3 진로계획 1(지원동기, 학업계획, 진로계획이 1500자일 때)

현대 사회에는 컴퓨터나 스마트폰 등 수많은 소프트웨어가 사용되고 있고, 시간이 갈수록 자동차, 컴퓨터를 넘어서 생활 속에 더욱 발전된 프로그램들이 필요할 것입니다. 저는 학부에서 전문적인 지식을 갖춘 후 컴퓨터공학과 관련된 회사에 취직하여 실질적인 기술을 익히겠습니다. 부산대학교 컴퓨터공학과 출신의 많은 선배가 삼성전자, LG와 같은 대기업에 취직하여 현업에서 활동하고 있어 그 가능성은 크다고 하겠습니다. 가능하다면 저는 제가 취업한 회사의 연구부서에 근무하면서 필요한 제품 개발에 기여하고 싶습니다. 혹은 대학원으로 진학하여 컴퓨터 공학의 여러 분야 중 특정 분야를 더 심도 있게 공부하여, 연구소 같은 기관에 들어가 세계적인 기술과 경쟁하여 이길 수 있는 앞선 기술을 개발하는 연구원이 되겠습니다. 그래서 우리나라뿐만 아니라 해외의 모든 사람의 삶의 질이 한 단계 더 나아질 수 있게 하는 데 기여하겠습니다.

예문 4 진로계획 2(지원동기, 학업계획, 진로계획이 1500자일 때)

졸업한 후에는 다양한 스펙과 경험을 쌓기 위해 기업에 들어가 친환경 농식품 마케팅에 대한 일을 해보고 싶습니다. 각 지역의 농산물을 효과적으로 마케팅하며 지역과 농촌을 개발하고 발전시키는 데 이바지하고 싶습니다. 그 후에는 농촌진흥청이나 농촌경제연구원에 들어가 농촌의 미래를 환하게 열 여러 가지 사업과 농촌을 지원해 줄 방안을 모색하겠습니다. 또한, 사람들의 관심을 얻기 위해 각 지역의 농산물을 활용한 창업지원이나 캠페인 활동을 벌여, 일반 소비자가 쉽게 접근해올 수 있도록 하는 여러 가지 방안을 고민하고 실천해보고 싶습니다. 그리고 FTA 체결국 농축산물 수출입 동향을 파악하여, 우리나라 농산물이 유리한 입지를 구축하도록 하겠습니다. 마지막으로 저의 꿈인 음식 정의 운동을 전 세계로 펼쳐나가 모든 사람이 차별받지 않고 건강하고 안전한 농산물을 즐길 수 있도록 노력하고 싶습니다.

예문 5 진로계획 3(지원동기, 학업계획, 진로계획이 1500자일 때)

졸업한 후 경영 컨설턴트에 대한 자격을 갖춘 뒤 저는 먼저 경영 컨설팅 회사에 입사하겠습니다. 그곳에서 한국의 기업 환경에 맞는 경영방식과 빠르게 변하는 세계의 기업 환경에 발 빠르게 대응할 수 있는 경영전략에 대해 배우며 실무를 경험하겠습니다. 또한, "위기에 처한 기업은 회생할 수 있는 전략을, 잘 되는 기업은 더욱 잘 될 수 있는 경영전략을 조언한다." 라는 철학을 가지고 기업에 대해 컨설팅을 하겠습니다. 그러면서 많은 경험을 쌓고, 그 경험을 바탕으로 직접 나만의 기업을 세워 효율적인 기업운영을 하고 싶습니다. 그리고 더불어 사는 사회를 만들 수 있는 기업가가 되어 사회적 책임을 다한다는 정신을 가지며 기업을 운영하고, 세계를 무대로 활동하는 경영인이 되어 부산대학교를 빛내고 싶습니다.

※참고, 지원동기, 학업계획, 진로계획 1500자 예문

〈지원동기〉

　　장애요양원에서 봉사 활동을 한 적이 있습니다. 그곳은 어린이부터 할머니, 할아버지까지 다양한 연령의 장애우들이 함께 생활하는 곳이었습니다. 신체 마비가 있어 누워서 식생활을 하는 저 또래의 한 친구는 누군가의 도움이 있어야 식사와 양치질을 할 수 있었고, 당뇨를 오랫동안 앓으면서 치아가 몽땅 빠져버린 분도 있었습니다. 한번 망가져 버린 잇몸은 신체 기관 중 가장 재생이 느려 회복과 치료에 어려움이 많으며, 예방 차원의 관리가 중요하다는 것을 알게 되었습니다. 그래서 식사 보조 후에는 꼭 양치할 수 있게 도왔습니다. 저의 조그만 노력으로도 금세 깨끗한 치아로 변화되는 것을 접하면서, 건강한 치아를 가지고 있는 것이 얼마나 감사한 일인지 알게 되었습니다. 장애요양원에서 봉사활동을 하며 건강한 치아는 타고나는 것이 아니라 관리와 치료로 만들어진다는 것을 알게 되었습니다. 치아가 건강해야 건강한 삶을 살 수 있기에, 튼튼한 치아는 건강한 삶의 출발점이라는 생각을 하게 된 것입니다. 그래서 치아 건강을 돌보는 의료인이 되겠다는

목표를 가지게 되었습니다. 이러한 목표를 달성하기 위해 진학할 학교를 찾던 중, 부산대 치의학전문대학원 치의학과 학, 석사 통합과정을 알게 되었습니다. 그래서 기초 치의학 실습실, 임상 전 단계 실습실을 비롯한 임상실습기관인 부산대학교 치과병원 등 우수한 시설을 갖춘 부산대 치과대학에서 공부한다면, 구강 보건과 건강을 책임질 지식과 의료기술, 올바른 가치관을 가진 전문가가 될 수 있다고 생각하여 지원하게 되었습니다.

〈학업계획〉

입학하게 된다면, 기초가 튼튼해야 튼튼한 집을 지을 수 있듯이 기초부터 성실히 배우겠습니다. 우선 전공을 기본으로 깊이 있게 탐구한 의료지식을, 임상 실습실 등에서 꾸준히 직접 실험을 통해 완성해 나가겠습니다. 또한, 치과 의료와 관련된 폭넓은 논문 읽기, 의학원서 번역해보기 등을 통해 전문지식과 영어 실력도 더욱 배양하겠습니다. 또한 논문 작성 등에 필요한 수학의 통계프로그램도 깊이 있게 공부하고자 합니다. 고등학교 시절 관심 있게 찾아보았던 유전자 가위와 유전자 치료 등 재생의료 치료에 대해서도 깊이 있게 공부하고 싶습니다. 부산대 치대에는 3, 4학년이 되면 부산대학교 치과병원에서 직접 임상실험을 하며, 실무적인 훈련을 병행한다고 알고 있습니다. 여기에도 적극적으로 참여하여 실력을 쌓겠습니다. 그리고 책을 많이 읽어 치과의사로서의 소양을 쌓고, 교내외의 많은 프로그램에 참여하여 경험도 쌓아, 부산대학교가 지향하는 인재인 창조적이고 글로벌적인 전문인이 되기 위해 노력하겠습니다.

〈진로계획〉

치과대학 학, 석사 과정을 거친 후에는 박사과정까지 마치겠습니다. 그런 후 치과병원 인턴을 지원하여, 실무를 배우며 경험을 쌓도록 하겠습니다. 어느 정도 경험이 쌓이면, 부산대 치과병원에서 의사와 교수로 활동하겠습니다. 그래서 아픈 사람을 치료해주는 동시에 후학도 양성하겠습니다. 그리고 연구에도 매진하여 아직까지 해결 되지 못한 치주조직재생, 치아재생에 관련된 재생의료 임상연구를 통해, 구강보건증진에 큰 도움이 되는 의료인이 되겠습니다. [1,498]

4. 유형4, 진로 계획에 대해 준비한 과정이나 노력한 과정

준비 기간을 고등학교라고 명시한 대학교도 있지만 명시되지 않은 곳도 있다. 명시되지 않은 대학이라면, 어릴 때부터 꿈이 시작되었으면, 그때부터 작성하면 된다. 하지만 고등학교 생활 중이라고 명시되었으면, 반드시 고등학교 생활 중에서 소재를 찾아야 한다.

==>활동한 사항을 2~3개 정도의 Activity(활동) 위주로 작성할 것. 아래 예문 참고할 것.

예문 1

원전 기계공학자의 목표를 달성하기 위해, 원전에 관심을 갖고 노력한 점과 저의 꿈을 친구들에게도 알리고 싶어 '나의 꿈 발표 행사'에 참여하였습니다. 1, 2학년 모두 참여했었는데 그때마다 중앙대에서 훌륭한 인재로 성장한 후 국가 발전을 위해 힘쓰겠다고 발표했습니다. 또한, 1학년 때 '원전 가동 중지'에 대한 찬반형식으로 탐구토론행사가 열렸는데, 원전의 부정적 인식을 바꿀 좋은 기회라고 생각하여 적극적으로 참여하였습니다. 신문에서 원전과 관련된 기사나 논평은 모두 스크랩하여 일일이 분석하며 필요한 정보들을 추려 나갔습니다. 원전의 경제성, 안정성뿐만 아니라 국가 안보나 세계 평화와 같은 측면에서도 조사하고 주장을 정리했습니다. 또 예상되는 반박에 대비하기 위해 한겨례 신문에서 원전과 그 외의 신재생 에너지들도 스크랩하여 조사를 했습니다. 원전과 신재생 에너지 분야가 워낙 넓고 종류도 다양해 일일이 장단점을 분석하는데 많은 힘이 들었지만, 미래 직장에 대한 토론이라고 생각해 밤을 새우며 마무리했습니다. 열심히 노력한 만큼 떨지 않고 토론에 참여했고 좋은 성과를 거두었습니다.

원전에 대해 더 알아보고 싶어서 다양한 책을 읽었고 원전과 관련된 뉴스를 찾아보기도 했습니다. 특히 '신고리 5, 6호기 공론화'를 할 때는 일일이 영상을 찾아보기도 했으며, 홈페이지 게시판에 '원전 건설 중단'에 반대하는 글을 쓰기도 했습니다. 앞으로도 꾸준히 원전에 대한 관심을 가지겠으며, 꼭 원전 기계공학자가 되겠다는 제 꿈을 이루겠습니다.

예문 2

초등학교 때부터 컴퓨터를 좋아하여, 타자 전교 1등을 하기 위해 열심히 연습했던 기억이 있습니다. 중학교 다닐 때는 코딩동아리에 가입하여 활동하던 중, c언어와 javascript를 다루는데 흥미가 생겨 웹사이트를 통해 공부했습니다. 고등학교 입학 후 ET동아리에 가입하여 친구들과 자율주행차를 만들기도 했습니다. 이 경험은 매우 흥미로워 전자공학 기술자의 꿈을 구체화하는 계기가 되기도 했습니다. 이 과정에서 기초과목이 중요함을 느껴, 수학과 과학 과목을 열심히 공부했습니다. 그 결과 학년이 거듭할수록 성적이 상승하여 3학년 때에는 1등급에 진입하게 되었습니다. 또한, 교내 '창의력 챔피언대회'에서 대상, 교내 과학경시대회에서 은상, 동상을 수상하기도 했습니다. 이 분야를 더 자세히 알고 싶어 '반도체란 무엇인가' 등 관련 책도 읽었습니다. 읽어보니 전자공학이 국가기간산업의 근간을 이루고, 정보통신공학의 기본이 되는 공학이라는 사실과 융합공학의 뼈대가 된다는 사실을 알게 되었습니다. 앞으로 전자공학 기술자가 되어 4차 산업혁명에 꼭 필요한 인재가 되고 싶습니다.

예문 3

대학에서 화학 신소재에 대해 공부하기 위해 고등학교 시절 미리 준비할 것에 대해 생각해 보고 다양한 활동을 했습니다. 국어 시간에 자신이 관심 있는 분야에 대해 친구들에게 설명하는 시간이 있었습니다. 저는 반도체와 디스플레이 소재로 연구되고 있는 그래핀과 전달 수용체로 연구되고 있는 풀러렌에 대해 조사한 후 발표하였습니다. 또한, 전공을 하려면 화학에 관한 지식뿐만이 아니라 생명과 물리 분야 등 다양한 지식이 필요하다는 것을 알게 되었습니다. 그래서 저는 교과 공부를 통해 기본 지식을 얻었으며, 동아리 활동을 하고 관련 도서를 읽으며 과학 지식을 넓혔습니다. 그리고 여러 대학교의 관련 학과 홈페이지에 들어가, 저와 맞는 학교가 어떤 곳이며, 해야 할 공부는 무엇인지 찾아보며 저의 진로를 고민해보았습니다. 또한, CA 동아리 활동입니다. 2학년 때 해보고 싶은 실험을 좀 더 주도적으로 하고 싶어 친구들을 모아 동아리를 만들고 실험부장을 맡아 여러 실험과 활동을 했습니다. 울산 과학관에서 여러 차례에 걸쳐 부스를 운영했는데, 그중에서 결정구조모형을 주제로 부스를 운영을 한 것이 기억에 남습니다. 동아리원들과 함께 분자의 구조 모형을 만들어, 결정구조의 대표적인 예인 단순입방 구조, 체심입방 구조, 면심입방 구조의 모형을 만들었습니다. 그리고 각 구조의 배위수와 입자점유비율을 계산하는 것을 과학관을 찾는 학생에게 알려주었습니다. 이러한 노력은 전공 공부를 할 때 많은 도움이 될 것이라 생각하며, 중앙대학교에서 열심히 공부하여 화학 신소재 분야의 뛰어난 인재가 되겠습니다.

예문 4

부동산학은 거주환경을 변화시키고 도시민의 활력을 증진하며, 나아가 국가의 지속가능한 발전을 위해 반드시 필요한 학문으로 다양한 인문지식과 창조적인 생각을 요구합니다. 이를 위해 경제학, 인문학, 미학, 건축학 등 폭넓은 분야의 서적을 탐독하고 독서록을 꾸준히 작성하였으며, 친구들과 함께 자율동아리를 조직하여 여러 나라의 도시 재정비 사례들을 탐구하였습니다. 수학여행으로 다녀온 북경 798 예술구에 대한 책을 읽고 로프트식 예술 공간에 대한 개념을 배웠습니다. 이와 유사한 사례로 화력발전소에서 미술관으로 탈바꿈한 테이트 모던 갤러리에 대해 조사하며 건물 재활용과 예술을 이용한 도시재생이 지역의 경제에 미치는 긍정적 영향을 알게 되었습니다. 또한, 영어 수업교재의 지문에서 접한 미국의 도시사회 간접자본 프로젝트 'Big Dig'에 대해 조사하며 도시디자인에서 지역 공간을 고려하는 것이 중요함을 배웠고, 좋은 도시디자인은 도시의 미관을 아름답게 하는 것뿐만이 아닌, 치안 및 교통 등 제반 문제에 대한 해결책이 될 수 있다는 것을 깨달았습니다. 대학에 입학한 후에는 세계적인 비엔날레의 참가와 세계 여러 나라의 문화도시 탐방을 통해 폭넓은 안목과 예술적 감각을 배양하고, 이러한 자질과 더불어 국토 도시이용에 관한 심화된 공부를 통해 우리나라의 환경에 맞게 공공미술을 접목한 도시디자인을 해나가겠습니다. 저의 꿈을 꼭 이루어 도시민의 삶의 질을 향상하고, 많은 사람의 생활이 더욱더 풍요로워지는 데 기여하고 싶습니다.

5. 유형5 지원자의 교육과정이 성장에 미친 영향

1) 교육과정과 성장을 연관 지어 작성
2) 지원학과, 자신의 목표, 꿈 등과 연관된 교육과정을 활동(Activity) 위주로 서술할 것. 구체적인 경험을 적을 것.

3) 연대기적, 나열식 서술은 하지 않는 것이 좋다.

4) 자신의 가치관이 드러나게 작성할 것.

5) 대학의 인재상, 교육이념 등과 결부시킬 것.

예문 1

성장과정 속 바둑의 스토리에서 창의성이라는 가치를 찾아내어 연구원의 필요한 자질인 창의성과 접목한 사례임.

어릴 적 아버지께서 인터넷 바둑을 두시는 것을 자주 보았습니다. 저는 바둑에 흥미가 생기게 되었고, 아버지에게 바둑을 배우게 되었습니다. 그리고 배운 것을 토대로 '타이젬 바둑'이라는 바둑사이트에서 바둑을 두면서 실력을 향상해나갔습니다. 초등학교 고학년 때 저의 바둑실력이 어느 정도 되는지 가늠해보기 위해 바둑학원도 2달 정도 다니고 바둑대회도 출전해보았습니다. 바둑이 재밌어 계속 두다 보니 어느덧 공식적으로는 아마 1단증을 따게 되었고 '타이젬 바둑'에서 5단 정도까지 오르게 되었습니다. 바둑은 저에게 많은 경험을 하게 해주었습니다. 어렸을 때부터 바둑을 두다보니 명절에 친척들과 모이면 작은아버지와 바둑을 두면서 공감대를 형성할 수 있었고, 예절도 길러나갈 수 있었습니다. 또한 바둑을 두면서 상대방의 다음 수를 예측하면서 신중하게 한 수, 한 수씩 두는 과정은 저의 성격을 꼼꼼하게 만들어 실수하는 것을 줄이는 데에 영향을 주었습니다. 한판의 바둑은 많은 변화를 담고 있으며, 그 변화에 대응하는 능력 또한 길러질 수 있습니다. 이는 전기전자공학과를 진학하여 연구원이 되었을 때 연구하는 과정에서 많은 부분을 사전 검토하게 하여 시행착오를 줄이며, 변화에 대처하는 것에 도움이 될 것입니다. 또한, 바둑은 창의성을 요구합니다. 이는 전기전자공학과를 진학하여 연구를 하는 과정에서 미래의 변화를 예측하고 남들과는 다른 창의적인 아이디어를 내는 데에도 도움이 된다고 생각합니다.

예문 2
어린 시절부터의 교육과정이 성장에 미친 영향

어린 시절, 아버지가 터키에 주재원으로 파견되면서 가족 전체가 터키에서 살게 되었습니다. 터키에서 영국 계통의 국제학교에 다니면서, 남과는 다른 어린 시절을 보냈습니다. 학교에서 세계 각국에서 온 친구들을 통해 다양한 문화에 대해서 알 수 있었습니다. 또한, 그리스, 영국, 네덜란드로 여행을 다니며 어려서부터 넓은 세상을 볼 수 있었으며, 우리 문화와는 다른 문화를 이해할 수 있는 자세를 가지게 되었습니다. 게다가, 자유로운 수업 분위기와 토론식 수업을 통하여 다양한 사고를 할 수 있었고, 창의력도 기를 수 있었습니다. 어려서부터 한국어보다 영어를 많이 쓰게 되면서, 외국인과도 영어로 직접 대화할 수 있게 되었습니다. 어려서부터 아버지는 제게 백과사전과 같은 존재였습니다. 제가 모르는 것이 있으면, 항상 아버지께 물어보면 자세하게 설명해주셨습니다. 더 나아가 제가 질문한 것과 관련된 심화된 내용을 저에게 물어봐 호기심을 가질 수 있도록 유도하셨습니다. 어렸을 때는 주변에 일어나는 현상에 대해 궁금했지만, 중학교에 가면서 기계나 전자기기와 관련된 것들이 흥미를 끌었습니다. 기계공학을 전공하신 아버지는 집에서 쓰지 않는 전자기기를 분해하여 작동 원리에 관해 설명해주시기도 하였습니다. 특히 저는 IT제품에 대해서 매력을 느꼈습니다. 하루가 다르게 발전하는 컴퓨터나 스마트폰을 보면서 혁신의 끝이 어디인가 생각했습니다. 그러나 기술의 발전과 함께 사이버 범죄가 증가하는 것과 더불어, 저희 가족의 정보가 유출되는 사건을 계기로 저는 정보 보안가의 꿈을 가졌습니다.

예문 3

아버지는 덧니가 심하고 사촌 형은 치아 부정합이 있는 등 저의 친가 사람들은 치아 쪽에 유전적으로 문제가 있었습니다. 그래서 명절에 친인척들이 모두 모이면 빠지지 않았던 것이 교정, 임플란트에 관한 이야기였습니다. 마침 제 형이 치의학과에 재학 중이었기에 형이 친척들의 치아 구조를 봐주고 어떻게 해야 할지에 대한 조언을 자주 해주었습니다. 어렸을 적 형을 계속 따라다녔던 저는 그 광경을 옆에서 자주 목격했고 형에게 자세히 질문할 때가 많았습니다. 사촌 형은 치아를 뽑아 공간을 확보한 다음, 교정을 진행해 치열을 가지런히 하는 것이 좋겠다는 등 형은 제 물음에 이해하기 쉽도록 대답해주었습니다. 이를 통해 저는 자연스럽게 치의학에 대해 관심을 갖게 되었습니다. 그리고 제가 직접 5년간 교정을 경험해보면서 이러한 관심은 점점 깊어갔습니다. 형에게 질문만 하던 것을 직접 체험해보고 의사 선생님이 제 치아 교정을 어떻게 진행할 것인지 제 치아 구조의 사진과 모형을 사용하여 설명해주었습니다. 처음에는 이러한 방법으로 엉망 같은 제 치아 구조가 바뀔 수 있을까에 대해 의문을 품었습니다. 그러나 점차 실제로 교정되어가는 제 치아를 보면서 제 입이라는 작은 공간에서도 치밀한 설계가 이루어질 수 있다는 것을 깨달았습니다. 학교에서 배우는 어떠한 수업도 제가 어떻게 해야 치밀한 설계를 통해 입안에서 마법과도 같은 치료를 할 수 있는 지 가르쳐주지 않았습니다. 그래서 대학교에서 치의학을 공부하여 제가 직접 치과 치료를 설계해 보고 싶었고, 지금의 기술로는 쉽게 치유하지 못하는 치아 구조를 고치고 싶습니다. 치의학에 관해 심도 있게 공부하고 연구하여 치과 치료가 어려워 포기한 사람들을 치료하는 의사가 되겠습니다.

6. 유형6 대학교가 학생을 선택해야 하는 이유

이 문항에 대해서는 먼저 지원 대학교가 어떤 인재를 원하는지 살펴보아야 한다. "~대학교의 ~전공에서는 이런 인재를 원하고, 전 그런 조건을 갖춘 학생입니다." 라는 접근이 필요하다. 이 문항은 고려대학교를 비롯한 몇몇 대학교에서 채택하고 있다. 고려대 의대를 예로 들어 설명하면 다음과 같다. 고려대 홈페이지에 들어가 고려대가 요구하는 인재가 어떤 인재인지를 먼저 살펴보자.

고대가 지원자를 뽑아야 하는 이유

고대 인재상
"창의적 능력이 있는 실무적 전문인
성실히 봉사하는 참여적 민주시민"

고대 의대 교육목표

성숙한 윤리의식에 기초하여 생명의 존엄성과 건강을 수호하는 의사
최선의 진료와 창의적 연구를 수행하는 전문가
세계시민정신을 갖추고 보건의료와 사회발전에 기여하는 지도자

의대 학장 인사말 중
의학교육의 글로벌 리더, 바이오매드 융합연구
진정한 글로벌 의료인재 양성

이러한 인재를 양성하는 고대에 꼭 맞는 사람이 나라는 걸 적어야 한다. 그렇다면 자신의 경험과 이 부분을 연결하면서 "저는 이런 것들이 갖추어져 있기 때문에 고려대 의대에 적합한 인재입니다." 라는 형식으로 논리를 전개해야 한다. 위의 인재상을 나열식으로 하지 말고 구체적인 사례를 들어 자신이 이러한 부분을 갖추고 있다는 것을 어필해야 한다.

작성 방법
형식은
서론 고려대 의대는 이런 인재를 원합니다.
본론 위의 인재상과 연결되는 사례를 구체적으로 서술한다.

결론 그러므로 저는 고려대가 원하는 인재이기 때문에 고려대는 저를 선택해야 하며~

꼭 이렇게 작성하지 않아도 된다. 먼저 자신이 활동한 것을 서술한 후, 이런 것이 고려대의 이러이러한 인재상과 부합한다는 형식을 취해도 된다. 어떤 형식을 취하든 그것은 자유지만 자신이 가진 강점이나 활동한 경험을 고려대의 인재상이나, 학과의 특성에 접목하는 것이 필요하다.

예문 1

고려대학교는 인재상 중에 "창의적 능력 있는 실무적 전문인 육성"이라는 인재를 양성한다는 목표를 가지고 있습니다. 이러한 비전을 위해선 창의적인 아이디어를 낼 수 있으며, 신중하고 꼼꼼한 성격을 가진 사람이 적합하다고 생각합니다. 어릴 적 아버지께서 바둑을 두는 것을 보고 흥미가 생겨 바둑을 배우게 되었습니다. 스스로 '타이젬 바둑'이라는 인터넷 사이트에서 바둑을 두면서 공식적으로는 아마 1단, 인터넷상으로는 5단까지 오르게 되었습니다. 바둑을 두면서 상대방의 다음 수를 예측하면서 신중하게 한 수 한 수씩 두는 과정은 저의 성격을 꼼꼼하게 만들어 주었습니다. 한 판의 바둑은 많은 변화를 담고 있으며, 그 변화에 대응하는 능력 또한 기를 수 있었습니다. 저는 바둑을 두면서 창의력과 신중함을 기를 수 있었습니다. 그러기에 저는 고려대학교에서 공부할 충분한 준비가 되어있으며, 필요한 자질이 있다고 생각합니다.

예문 2

고려대가 저를 뽑아야 하는 이유는 여러 가지입니다. 첫째, 끊임없이 새로운 지식을 추구하여 생명과학 동아리 BBC, 화학 소인수 수업, 실험 동아리 SSG와 같은 동아리 활동을 하였습니다. 또한, 궁금한 점이 생기면 엘지 경제연구원과 같은 사이트나, 과학동아와 같은 잡지를 읽으며 그 궁금증을 해결하기도 했습니다. 둘째, 또래 상담 활동이나 다양한 토론 대회를 통해 다른 사람과 의사소통을 하는 능력을 키워왔습니다. 즉, 제 의견을 정확하게 표현할 수 있는 한편, 상대의 의견을 경청함으로써 소통할 수 있는 능력을 키웠습니다. 셋째, 저는 어렸을 때 아버지를 따라서 터키에서 5년 간 살았습니다. 국제학교에 다니며, 한국어보단 영어를 많이 쓰며, 다양한 외국인과 직접적인 대화를 했으며, 그리스, 네덜란드, 영국과 같은 다양한 국가를 여행하며 문화를 체험했습니다. 이런 저의 강점은 고려대의 인재상 중의 하나인 "변화를 주도하는 개방적 세계인"에 적합하며, 고려대를 빛내는 인재가 되겠습니다.

예문 3

　프탈레이트 지우개를 평소에 사용하다가, 프탈레이트 성분이 인체와 환경에 유해하다는 기사를 보게 되었습니다. 그래서 얼마나 유해한지에 대해서와 이를 대체할 친환경적 지우개에 대해 생각을 하게 되었고, 과제연구를 수행하게 되었습니다. 연구를 하면서 프탈레이트와 같은 고분자 화합물의 환경오염에 대해 깊이 생각하게 되었으며, 이러한 과제연구는 고려대학교의 발전목표인 '인류와 사회에 기여하는 세계적 수준의 연구성과 창출'과 일치한다고 생각합니다. 또한, 울산 과학관에서 한 달에 한 번씩 아이들에게 생활 속 과학을 알려주는 봉사활동을 하였습니다. 어려운 이론 수업보다는 직접 만지고 체험하는 재미있는 과학을 가르쳐 주었으며, 아이들이 자연스럽게 과학을 접하는 모습을 볼 수 있었습니다. 이를 통해서 저의 지식과 재능을 알려주는 것이 보람찼으며, 이는 고려대학교의 인재상 중 하나인 공선사후 정신에 적합하다고 생각합니다. 앞으로 글로벌 과학인재가 되어 매년마다 유명한 과학자들이 콘서트 형식으로 강연을 하는 고려대학교의 'Molecular Frontiers Symposium'에서 강연을 해 보겠다는 꿈을 가지게 되었습니다.

7. 유형7 DIGIST 예문

디지스트에 자신을 소개하여 주십시오. (3,000자 이내)

〈교육철학의 바탕으로 4C를 갖춘 과학 기술인 양성. 4C는 이제껏 통용된 것과는 전혀 다른 방식으로 지식을 창출하고 융합할 줄 아는 창의성(Creativity)과 스스로 문제를 제기하고 또 그 해결이 어렵더라도 포기하지 않고 자신만의 논리로써 답을 찾아내려는 도전성(Challenge), 다른 사람들과 협력(Collaboration)할 줄 알고 남을 배려(Care)할 줄 아는 사람을 말합니다.〉

유형 7, 공통문항이 없기 때문에 협력과 배려는 공통문항 3번에 적은 것을 활용하면 된다. 또한, 창의성은 동아리 활동이나, 보고서 기타 탐구활동 등에서 찾으면 되고, 도전은 어떤 목표를 설정하고 그것을 이룬 경험을 쓰면 된다. 이때 주의할 것은 필히 SIAR – F형태로 서술할 것을 권한다.

디지스트의 4번 문항은 다른 대학교와 다르기 때문에, 4번 문항을 접하면 막연하게 느껴질 수 있다. 하지만 공통문항이 없으므로 공통문항에 적은 것들을 바탕으로 재구성하면 쉽게 작성할 수 있다.

예문1

    저는 무엇이든지 융합적으로 사고하고 학습하는 경향이 있습니다. 물리나 생명과학 문제 중, 미적분학이나 확률과 같은 수학적인 요소를 이용해 풀어야 하는 융합적 사고력을 요구하는 문제들은, 저에게 항상 새로운 도전에 대한 동기를 부여해 주었습니다.

    DGIST는 한국 유일의 무학과 단일학부 체제를 가진 학교입니다. 여러 기초 과목들을 함께 배울 수 있어 보다 다양한 관점에서 창의적으로 문제를 사고할 수 있게 합니다. 그래서 자랑스러운 DGISTian이 되는 것이 저의 목표가 되었습니다. 저는 입학한 뒤 융합적인 과학 인재가 되어 사회에 기여하겠습니다.

    3학년 때 MathJoa라는 수학 자율동아리를 만들었습니다. 동아리 구성원끼리 서로 배우고 가르쳐주면서 제가 놓친 부분을 알게 되고 아는 것은 복습의 효과를 얻게 되었습니다. 이러한 활동을 통해 다른 시각에서 문제를 대하는 힘이 생겼고 다양한 풀이 방법을 알게 되었습니다. 그러던 중, 좀 더 어려운 문제에 도전해보기로 했습니다. 어려운 수능 모의고사 문제를 협력해서 풀고 또 서로서로 발표하기로 했습니다. 그런데, 아무리 시간을 두고 풀어도 풀리지 않은 문제가 하나 있었습니다. 기울어진 뿔의 부피를 구하는 내용이었습니다. 저는 삼각

형이 어떤 모양이든지 넓이는 밑변과 높이가 같으면 같다는 내용을 3차원으로 확장할 수는 없을지 생각해보았습니다. 관련된 정보를 찾으니 단면의 면적의 넓이가 같으면 그 부피도 같다는 카발리에리 원리를 알게 되었습니다. 이 원리와 관련된 논문을 찾아보고 ebs 영상 프로그램 '마테마티카'를 보며 더 깊이 있게 탐구하여 결국 문제를 해결하였습니다. 그런 후 자율동아리 시간에 친구들 앞에서 카발리에리 원리와 그에 따른 문제 접근 방법을 설명했습니다. [1C, Challenge, 도전]

3학년 학기 초, 새롭게 친구들을 만나다 보니 반 분위기가 서먹하고 어색해서, 반장인 저는 반을 활기찬 분위기로 만들고 싶었습니다. 보다 참신하면서도 반 학생들이 재미있어 할 수 있는 활동은 무엇일까 고민을 거듭하였습니다. 그래서 14반인 저희 반의 특성을 살려 3-14반과 함께하는 3월 14일 파이데이 행사를 열자고 반 학생들에게 제안하였습니다. 파이데이 행사에 대해 준비과정에서 급우들과 많은 이야기를 나누었고 자연스럽게 서로에 대해 조금씩 알게 되었으며, 계획안을 수립하여 학생들의 의견을 모았습니다. 그런 후, 아침에 교문에서 이 행사에 대해 홍보하고, 점심시간에는 학교 광장에서 파이 숫자 많이 외우기, 파이에 숨겨진 의미 있는 숫자 찾기와 같은 다채로운 행사를 진행했습니다. 학교의 많은 관심을 받아 교장선생님께서 직접 광장으로 나오셔서 체험하기도 했습니다. 행사를 하면서 친구들 사이는 한결 더 가까워졌고, 행사가 끝난 뒤 서로에 대해 많이 알게 되어 더욱 생동감 있는 반이 되었습니다. 이 활동으로 창의적인 생각과 그것을 뒤따르는 노력이 있다면 모두가 행복해할 수 있는 발판을 마련할 수 있다는 것을 알게 되었습니다. [2C, Creativity : 창의적인 생각, 그리고 노력]

교내 과학동아리 PCBE는 물리, 생명과학 등의 과학 과목을 연구하고 실험하는 동아리입니다. 이 활동에서 쥐, 개구리 해부, 네오디뮴 자석을 이용한 레일건 제작 등 많은 실험을 했습니다. 실험을 토대로 팀을 구성해 '호흡기관 이물질 분포 정도에 따른 정화 가능성 탐구'라는 주제로 학교 과제연구 발표대회에 참가했습니다. 먼저 실험에 필요한 폐 역할을 하는 모형을 만들었습니다. 통풍이 잘되는 물질에 분무기로 물을 뿌려 마찰력을 폐와 비슷하게 만들었습니다. 또 호흡기관에 들어가는 이물질은 분자 사이 응집력이 있도록 미세한 가루를 사용했습니다. 그렇게 서로 의견을 주고받으며 보다 정밀한 실험을 위해 노력했습니다. 결국 친구들과 협력하여 20페이지 분량의 보고서를 작성할 수 있었고, 프레지를 이용해 발표 자료를 만든 후, 발표하여 좋은 반응을 얻었습니다. 이 활동을 하면서 과학에 대한 자신감을 높일 수 있었고 혼자보다는 협력하면 더 큰 힘을 발휘한다는 것을 느끼게 되었습니다. [3C, Contribution : 친구들과의 협력]

"봉사는 실천할 때 가치가 있습니다." 아버지께서는 남을 위하고 배려하는 것을 최우선의 가치로 여겨 조혈모세포를 기증하였습니다. 아버지로부터 나눔을 실천하는 방법을 배워 고등학교 생활 중에 나눔을 실천하여 큰 기쁨을 느꼈습니다. 봉사는 말로 하는 것이 아니라 작은 것이라도 실천할 때 의미가 있다고 생각하여, 헌혈하며 나눔의 가치를 알게 되었습니다. 2학년 때 RCY 단장직을 맡으면서 가치를 실천으로 옮겼습니다. RCY 교내 단원 중 몇몇 친구들과 함께 적십자가 주관하는 '레드캠페이너'라는 헌혈 홍보와 캠페인 활동을 했습니다. 매달 단원들과 모여 교내 헌혈 표어 공모전 실시, 헌혈 우체통 제작, 캠페인 등 한 달 동안의 활동 계획을 수립했습니다. 그중 가장 기억에 남는 활동은 교외 도심에서 진행하는 헌혈 캠페인이었습니다. 처음에는 다들 의지가 불타올라 참여율이 높았지만, 여름이 되고 날씨가 더워지면서 캠페인 활동의 참여율이 낮아지기 시작했습니다. 친구들의 참여도가 줄어들 때, 친구들을 독려하며 제가 먼저 캠페인을 진행하고 또한 헌혈도 직접 실천했습니다. 그러자 친구들도 하나, 둘씩 저를 따라 힘들어도 헌혈 캠페인에 동참하였습니다. 그래서 저희는 다시 하나가 된 모습으로 학생 친구들과 시민들에게 효과적인 캠페인을 진행할 수 있었습니다. 또한 노력했던 활동 상황을 UCC로 직접 제작하여 레드캠페이너 캠페인에 활용하였습니다. 저희들의 이러한 노력은 학교뿐만 아니라 일반 시민들로부터도 관심을 받게 되었습니다. 그래서 저희의 캠페인으로 인해 RCY 단원뿐만 아니라 학교 친구들, 선생님, 그리고 일반 시민들도 헌혈에 관심을 가지고 또한 기꺼이 헌혈에 동참하는 등 좋은 결과로 이어졌습니다. 작은 봉사라고 생각할 수도 있지만, 헌혈 캠페인을 직접 진행하면서 많은 사람이 헌혈할 수 있도록 돕고, 직접 나눔의 실천을 한 헌혈이 사람의 생명을 구하는 중요한 일로 이어진다고 생각하니 뿌듯했습니다. [4C, Care : 나눔과 봉사, 실천의 행복] 〈2972자〉

8. 유형8 서울대 4번 독서 문항

1. 책을 통해 자신의 인생을 긍정적으로 변화시키거나, 능력을 확장한 점 등

   진로와 관련 있는 도서를 선택하라.

   본인의 가치관을 잘 보여줄 수 있는 도서를 선택하라

   본인의 문화적 소양을 보여줄 수 있는 도서를 선택하라.

2. 구성은 전공 관련 2권, 일반 서적 1권으로 구성하는 것을 권한다.

3. 책의 줄거리 요약 같은 것을 쓰는 것이 아니라

   책을 읽게 된 계기,

   책에 대한 평가,

   자신에게 준 영향' 중심으로 쓴다.

4. 500자를 '계기 100자, 평가 250~300자 영향 100~150자' 정도
   로 할애

예문1

1) 공부의 힘 (노태권)

난독증이 있었던 저자는 중졸이라는 학력에도 불구하고 43세의 나이에 자기주도적 학습을 통해 수능 모의고사에서 만점을 받았습니다. 자장면 배달과 일당 노동을 하면서 오로지 공부에만 열중하며 이룬 성과였습니다. 하지만 저자의 아버지가 한 말 "중졸 3부자가 될래?" 돌아보니 저자의 아들 둘도 게임에 빠져 중졸 학력이 전부였습니다. 그래서 저자는 자신의 공부를 접고, 스스로 개발한 학습방법으로, 두 아들을 공부시켜 모두 서울대학교 장학생으로 진학하게 만들었습니다. 이게 사실일까? 궁금하기도 하고 자기주도적 학습에 대해 좀더 배우고 싶어 저자와 대화를 하고 싶었습니다. 인터넷 검색을 하니 블로그

가 있었고 답글을 남기니 전화가 왔습니다. 저자는 친절하게 도움이 되는 이야기를 해주었습니다. 책 내용과 책에 나오지 않은 그 이후의 이야기도 듣게 되었습니다. 공부는 자기 스스로 방법을 찾아 노력할 때 진정한 힘을 발휘할 수 있다는 걸 느꼈으며, 새로운 동기를 부여받게 되었습니다.

2) 3일 만에 읽는 뇌의 신비 (야마모토 다이스케)

사람이 살아가는 데에 있어 가장 핵심적인 역할을 하는 것이 뇌입니다. 하지만 역설적이게도 저는 뇌에 대해 별로 아는 것이 없었습니다. 그런데 우연히 뇌에 대한 이야기를 다룬 이 책을 접하게 되었고 흥미를 가지고 읽게 되었습니다. 책은 기쁨, 놀라움, 분노 등의 감정이 뇌의 화학적인 반응과 관련이 있으며, 그 관련의 메커니즘에 대해 소개하고 있습니다. 이를 통해 생활 속의 스트레스의 발생 원인과 그에 대한 해결방법에 대해 생각하게 했습니다. 또한 책은 뇌의 기능적인 문제가 일으키는 질병과 장애의 종류와 실제로 치료된 사례를 제시하고 있습니다. 이런 치료 사례들이 뇌의 어떤 기능을 이용하였는지 생각해보며 뇌가 우리 삶과 다양한 측면에서 직접적인 관계를 형성하고 있음을 깨달았습니다. 또한 이 책을 읽으면서 뇌가 나의 삶에 어떤 영향을 주는지 파악하고 그것을 긍정적으로 이용하는 사람이 되겠다고 생각했습니다.

3) 바이러스의 습격 (최강석)

　제5 침공이라는 재해 영화에서 지진, 해일 등의 가시적인 재앙보다 바이러스라는 비가시적인 재앙이 인류에게 더 큰 피해를 입히는 것을 볼 수 있었습니다. 눈에 보이지도 않는 것이 어떻게 사람의 목숨을 위협하는지에 호기심이 생겨 이 책을 읽게 되었습니다. 책에서 언급되는 스페인 독감과 중국 사스 등의 사례를 통해 바이러스의 위력을 체감할 수 있었습니다. 그러나 예방이 사실상 불가능한 바이러스의 특성상 발생 후의 대처가 더 중요함을 알게 되었습니다. 실제로 이번 연도에 발생한 메르스는 발생 후 대응이 늦어 희생자를 낳아 전국적인 화제가 되었습니다. 이는 역학 조사에 대한 정보의 공유가 이뤄지지 않았고 감염력을 낮게 보아 확산을 막지 못했기 때문입니다. 그를 위해 바이러스의 변이와 감염력을 정밀히 파악하는 기술이 중요하다고 생각되었습니다. 또한 책에서 제시한 바이러스의 진행 경로 등을 통해 뉴스에서 언급됐던 조류 인플루엔자 등의 발생 원인에 대해 이해가 되었습니다. 경로를 파악하는 과정에 다양한 연구들이 활용되는 것에서 많은 연구들이 모여서 눈에 보이는 성과를 내는 것을 깨달았습니다.

예문 2

1) 훤히 보이는 차세대 디스플레이/추혜용, 조경익, 김기현, 유병곤, 서경수, 최현미, 빅종현

2학년 때, 생명과학 수업시간에 'A day made of glass'라는 영상을 보고 처음으로 디스플레이에 관심을 가지게 되었습니다. 디스플레이에 대해 더 알아보고 싶어, 관련 책을 찾던 중 이 책을 읽게 되었습니다. 책은 현재 디스플레이가 다양한 분야에서 활용되고 있는 사례와 미래에 보급될 디스플레이 기술 등을 소개하며, 디스플레이 산업의 전반에 대해 서술하였습니다. 디스플레이는 휴대폰 액정, 컴퓨터 화면 등 생활 속에 깊숙이 뿌리를 내리고 있고, 정보화 사회에서 그 중요성이 점점 더 커지고 있다고 합니다. 이 책을 읽으면서 디스플레이 산업의 무궁한 발전 가능성을 느꼈습니다. 또한, 차세대 디스플레이 기술이 의료, 교육 등 보다 다양한 분야에 활용된다면, 사람들은 훨씬 더 편리한 삶을 살 수 있겠다는 생각을 하였습니다. 하지만 개발에는 편리함과 동시에 최근 삼성전자의 갤럭시 노트7의 폭발과 같은 부작용도 뒤따를 수 있기에 그런 부작용 또한 함께 고려해야 한다고 생각했습니다. 〈496〉

2) 페르마의 마지막 정리/사이먼 싱

수학 시간에 페르마의 마지막 정리를 증명한 앤드류 와일즈의 다큐멘터리를 보고 흥미가 생겨 이 책을 읽게 되었습니다. 300여 년 동안 해결되지 못한 정리를 증명하기 위해, 7년이라는 세월을 보낸 앤드류 와일즈의 도전정신과 열정은 정말 놀라웠습니다. 또한, 앤드류 와일즈 외에도 이 난제를 해결하기 위해 일생을 바친 여러 수학자들이 존경스러웠습니다. 몰입하여 읽다 보니 앤드류 와일즈의 증명과정 중 오류가 발견된 부분에서는 마치 저의 일처럼 7년간의 노력이 헛수고가 되면 어떡하나 하는 걱정이 들었고, 오류를 해결하여 완벽하게 증명이 끝난 부분에서는 저 또한 안도감을 느꼈습니다. 이 책은 저에게 "살아가면서 무언가에 매달려 이토록 열심히 노력해본 적이 있는가?"라는 물음을 가지게 해주는 책이었습니다. 책을 읽고 나서 저도 무언가에 도전해보고 싶다는 생각이 들었고, 어려움에 직면했을 때 그것을 피하지 말고 도전해보자는 마음을 갖게 되었습니다. 〈470〉

3) 내가 미래를 앞서가는 이유 / 사토 가츠아키

미래를 통찰하여 성공한 사람들의 자세'를 배우고 싶어 이 책을 읽게 되었습니다. 책은 "0.1%의 사람은 세상이 변화하는 패턴을 꿰뚫고 있다."라고 말합니다. 또한 '니콜라 테슬라'라는 한 과학자의 예를 들며 기술 개발에 대한 타이밍의 중요성을 강조했습니다. 이 과학자는 100

년 전에 무선전기 송신에 대한 연구를 하였는데, 이 기술과 관련해서는 작년에서야 처음 성공했다고 합니다. 아무리 좋은 기술이라도 타이밍이 맞지 않아 환경이나 경제 시스템 등이 뒷받침되지 않는다면, 그 기술은 보급되기 어렵다는 것을 알 수 있었습니다. 책을 읽고 나서 차세대 디스플레이를 개발하겠다는 꿈을 가지고 있는 저는 '세상이 변화하는 패턴'에 맞추어 디스플레이를 개발하는 것이 필요하다는 생각을 하였습니다. 또한, 미래의 변화를 예측하는 것에서 더 나아가 '타이밍'을 읽어내고, 남들과는 다른 창의적인 아이디어를 내는 디스플레이 개발자가 되고 싶다는 생각을 하게 되었습니다. 〈481〉

예문3

1) 유엔 미래 보고서 2045/박영숙

"앞으로 어떤 사람이 되고 싶니?" 화학 선생님께서 저에게 앞으로의 미래에 대해 고민해보라며 이 책을 추천해주셨습니다. 사실 그때 저는 연구자로서의 길을 이미 정했고, 진로가 정해져 있다고 생각했습니다. 하지만 막상 질문을 받으니 어떤 사람이 되어야 할지에 대해서 제대로 대답을 할 수 없었습니다. 질문에 대한 답을 찾기 위해 책을 읽게 되었고, 책 속에서의 2045년은 너무 과장한 내용이 아닐까 하고 생각할 만큼 현재와 차이가 많이 있었습니다. 그럼에도 책에서 말하는 미래는 충분히 실현 가능한 미래였고, 앞으로의 과학 기술인으로서 과학 발전을 어떠한 방향으로 이끌어나가야 할 지에 대해서 깊게 생각하게 되는 계기가 되었습니다. 그중에서도 에너지의 고갈과 자원의 불균형이 미래의 해결 과제로 남아 있었고, '대체에너지 개발을 통한 자원난을 해결할 수 있는 과학 인재가 되고 싶다'라는 선생님의 질문에 대한 답을 찾게 되었습니다.

2) 화학으로 이루어진 세상/K.메데페셀헤르만

학교 도서관에서 이 책을 보고 제목 자체에 이끌려 읽어 보게 되었습니다. 현대 사회의 많은 화학물질 중에서도 신물질 분야에서 리포솜의 다양한 활용 방안에 대한 내용이 흥미를 끌었습니다. 최근에 생명과학 시간에 배웠던 천연 리포솜과 다르게 책의 리포솜은 인공적으로 만들어져서 사용되었습니다. 두 리포솜의 차이에 대해 궁금증이 생기게 되어 리포솜에 대해 선생님께 질문을 하거나 인터넷을 찾아보며 알아보게 되었습니다. 리포솜의 종류와, 매커니즘, 활용 방면의 차이에 대해 조사하고 탐구하여 이를 기록하였습니다. 그런데 이 과정에서 리포솜이 책에 적혀있는 내용과는 다르게, 리포솜이 화장품의 성분을 효과적으로 전달하지 못한다는 연구 결과를 보게 되었습니다. 이는 독서를 하는 과정에서 무조건적으로 내용을 수용해서는 안 된다는 교훈을 주었고, 책뿐만이 아닌 다른 자료를 볼 때도 비판적인 자세를 가지고 바라보아야 한다는 걸 알게 되었습니다.

3) 난장이가 쏘아올린 작은 공/조세희

학교의 원북-원스쿨 운동에서 '난장이가 쏘아올린 작은 공'이 선정되어서 이 책을 읽게 되었습니다. 처음 읽을 때는 아버지가 달나라에 간다는 말과 영수네 가족의 행동 또한 상식에 맞지 않아 이해하기 힘들었습니다. 그러나 도시의 소외 계층이 얼마나 힘들게 살아왔는지에 대해 생각하며 다시 읽어보았고, 아버지가 달나라로 떠났다는 말이 현실에의 고통에서 벗어나 이상 세계로 향함을 비로소 이해하게 되었습니다. 남의 일이라고 사회적 약자에 대해 무관심했던 것에 반성을 하였고, 대한민국의 또 다른 '김불이'씨를 도와주고 싶다는 마음이 들게 되었습니다. 그 이후로 꽃동네 연수원에서 장애인, 부랑인을 위하여 봉사를 했습니다. 이후에 과학 인재가 되어서 사회에서 소외받는 이가 없는 세상을 위해 노력하고 싶다는 마음을 가지게 되었습니다.

9. 유형9 지원동기, 본인은 어떤 과학 기술인으로 성장하고 싶은지 기술(GIST)

1. 지원동기(유형1 참고)
2. 어떤 과학 기술인으로 성장 : 과학자 중 롤 모델이 있으면 기재, 전공 분야에서 남기고 싶은 업적, 해결하지 못한 문제를 해결하겠다든지, 가능하면 구체적인 사례를 들어 기술. 또한, 국가와 사회에 대해 어떤 식으로 공헌을 하겠다는 내용 등 기재

〈예문〉

'리-아이링 방정식'을 아십니까? 대한민국 최초의 노벨상 후보인 이태규 박사님은 한국 화학 분야에 기틀을 마련한 분이십니다. 중학교 과학실에 소개되어 있는 박사님의 자료를 보고 과학의 여러 분야 중에서 화학의 중요성을 알게 되었습니다. 화학은 우리 생활과 밀접한 관계를 가지고 있으며, 다양한 다른 학문의 기초로써 융합이 잘 됩니다. 이러한 무궁무진한 발전 가능성에 매력을 느끼고 화학자의 꿈을 가지게 되었습니다. 과학을 좀 더 열심히 배울 수 있는 과학 중점 고등학교에 입학해서 과학을 열심히 공부했고 화학에 대한 심화적인 내용까지 배울 수 있었습니다.

화학자의 꿈을 이루기 위해 전공할 대학교를 찾던 중 GIST의 교육 프로그램을 접했습니다. 여러 분야의 교수님들과 함께 융합 교육을 수행하는 GIST만의 팀-티칭 프로그램을 통해, 융복합대학이라는 이름에 걸맞게 기초과학 및 공학을 철저하게 공부할 수 있다는 것을 알게 되었습니다. GIST에 입학하여, 과학뿐만이 아닌 인문학 등의 융복합 교육 과정도 수행하고 싶습니다. 이러한 과정은 저에게는 꼭 필요한 과정입니다. 또한, 글로벌 시대에 맞는 안목을 키우기 위해 국제교환학생으로 참여하고 싶습니다. 이후 대학원에 진학하여 에너지 분야에서 화력과 원자력 에너지를 대체할 수 있는 신재생 에너지를 개발하고, 에너지 생산의 효율을 높이는 촉매 개발과 같은 연구를 통해 노벨 화학상을 받을 수 있는 세계적인 인재가 되기 위하여 GIST에 지원하였습니다.

과학 발전이 윤리의식을 동반하지 않으면 심각한 부작용을 낳습니다. 현대의 과학은 사회, 경제, 산업의 발전과 수명 연장과 같은 인류 복지에 크게 기여했습니다. 하지만, 윤리의식이 동반되지 않았기에 원자폭탄과 같은 무기와 환경오염, 생태계 파괴 등의 부작용이 부메랑처럼 되돌아왔습니다. 이러한 악순환이 되풀이되지 않기 위해서는 과학기술인은 먼저 자신이 연구한 분야가 인류 다수의 이익에 부합되는 지를 검토해야 합니다. 현재에도 충분히 검증되지 않은 기술로 만든 제품이 경제적인 논리에만 치우쳐 시중으로 쏟아져 나오고 있어 부작용이 심각한 상황입니다. 어떤 경우에라도 인간에게 나쁜 결과를 가져오는 기술은 개발되지 않아야 하며, 스스로도 연구한 분야에 대해 책임을 질 수 있어야 합니다. 그렇게 되기 위해서는 여러 가지 경우의 수를 감안하여, 출시 이전에 충분히 검토가 되어야 합니다. 필요하다면 대중의 의견을 참고하는 과정도 이루어져야 합니다.

또한 출시된 이후에 예기치 못한 문제가 발생할 때, 경제적인 가치보다는 사람의 안전이 최우선적으로 고려할 가치임을 인식해야 하며, 그 문제를 해결하기 위해 신속하게 대처해야 합니다. 가습기 살균제인 옥시의 폐해가 대표적인 예입니다. 제조회사가 책임을 회피함으로 사망자가 기하급수적으로 늘어났습니다. 초기에 신속하게 대응을 했더라면 피해를 최소화할 수 있었지만, 책임을 회피하고 회사의 손해만 따지다보니 적절히 대응할 시기를 놓쳐 희생자가 늘어나게 된 것입니다. 기술 개발도 중요하지만, 그것보다 더 우선시 되어야 할 것이 인류의 공동선이며, 그것은 과학자가 윤리의식을 갖추었을 때만 가능합니다. 저는 그런 윤리의식을 갖춘 과학자로 성장하고 싶습니다.

6장

대학별 4번 문항
현황 및 작성 방법
〈전국 대학교 4번
문항 분석〉

대학별 4번 문항 현황 및 작성 방법
〈전국 대학교 4번 문항 분석〉

1. 공통문항만 있고 4번 문항이 없는 대학교

강남대, 건양대, 경기대, 경운대, 계명대, 광주교대, 금오공대, 단국대, 대구대, 대전대, 대진대, 동아대, 목포대, 백석대, 부산 가톨릭대, 상명대, 서울여대, 선문대, 순천향대, 안양대, 이화여대, 인제대, 전남대, 전주대, 조선대, 한신대, 울산대, 청주교대, 평택대, 한남대, 한림대

2. 대학별 4번 문항 및 작성법(일반대학 각 학교별)

(4번 문항은 각 학교별로 해마다 변경될 수 있으니, 대학교 홈페이지에 들어가서 꼭 확인해보기를 권한다.)

1) 가천대

'지원동기와 지원 분야의 진로계획을 위해 고등학교 재학 중 어떤 노력과 준비를 해왔는지 기술해 주시기 바랍니다. (띄어쓰기 포함하여 1,000자 이내)

1. 지원동기 : 유형1 참고
2. 진로계획을 위해 고등학교 재학 중 수행한 노력과 준비과정 : 유형4 참고

2) 가톨릭대

지원동기 및 대학 입학 후의 학업계획을 중심으로 향후 진로계획에 대해 기술해주시기 바랍니다. (1,000자 이내)

1. 지원동기(유형1), 학업계획(유형2). 진로계획(유형3) 작성법과 예문 참고할 것.

3) 강원대

해당 모집단위에 지원하게 된 동기와 이를 준비하기 위해 노력한 과정을 기술하고 대학 입학 후 학업계획을 기술하시오. (띄어쓰기 포함

1,000자 내외)

1. 지원동기(유형1)
2. 이를 준비하기 위해 노력한 과정(유형4)
3 학업계획(유형2)

4) 건국대

해당 모집단위에 지원하게 된 동기와 지원하기 위해 노력한 과정을 구체적으로 기술해 주시기 바랍니다. (띄어쓰기 포함 1,500자 내외)

1. 지원동기(유형1)
2. 지원하기 위해 노력한 과정(유형4)
==〉2가지를 각각 750자 내외로 구성하여 아래 예문 참고하여 작성하면 됨.

5) 경북대

지원하게 된 동기와 입학 후 학업 및 진로계획에 대해 기술해주시기 바랍니다.(띄어쓰기 포함 1,000자)

1. 지원동기(유형1), 2. 학업계획(유형2), 3. 진로계획(유형3)

6) 경상대

지원동기와 입학 후 학업 및 진로계획에 대해 기술해주시기 바랍니다.(띄어쓰기 포함 1,000자)
1. 지원동기(유형1), 2. 학업계획(유형2), 3. 진로계획(유형3)

7)경희대

해당 모집단위에 지원하게 된 동기와 이를 지원하기 위해 노력한 과정이나 지원자의 교육환경(가정, 환경, 지역 등)이 성장에 미친 영향 등 경험을 바탕으로 구체적으로 기술하시오. (띄어쓰기 포함 1,500자 내외)-주의 : 부모 및 친인척의 성명, 직장명 등 기재 금지

경희대에서 요구하는 문항은 1가지는 필수, 2가지 중 1가지는 선택이다.
1. 지원 동기(유형1 참조)는 필수. 750자 내외 작성
2. 노력한 과정(유형4 참조) or 지원자의 교육과정이 성장에 미친 영향(유형5 참조) 두 가지 중 한 가지 선택 750자 내외

8) 고려대

해당 모집단위 지원 동기를 포함하여 고려대학교가 지원자를 선택해야 하는 이유를 기술해주시기 바랍니다.(1,000자 이내)

1. 지원동기 참고(유형1 참고)
2. 고려대학교가 지원자를 선택해야 하는 이유(유형6 참고)

9) 공주대

자신의 진로 목표를 중심으로 지원동기와 학업계획을 기술해주시기 바랍니다.

1. 지원동기(유형1), 2. 학업계획(유형2), 3. 진로계획(유형3)

10) 광운대

본교에 지원하게 된 동기와 입학 후 학업계획 및 향후 진로계획에 대하여 구체적으로 기술해 주시기 바랍니다.(1,000자 이내)

1. 지원동기(유형1), 2. 학업계획(유형2), 3. 진로계획(유형3)

11) 국민대

전공 지원동기와 고등학교 재학기간 중 지원 분야의 진로 탐색을 위해 도전한 경험을 기술해 주시기 바랍니다.(1,000자 이내)

1. 지원동기(유형1)
2. 지원하기 위해 노력한 과정(유형4)

12) 덕성여대

지원 모집단위에 대한 노력 과정 및 지원동기와 향후 진로계획에 대해 기술해 주시기 바랍니다.(1,000자 이내)

1. 지원동기(유형1), 2. 학업계획(유형2), 3. 진로계획(유형3)

13) 동국대

자신의 노력과 역량을 바탕으로 해당 전공(학부, 학과)에 대한 지원동기 및 진로계획을 구체적으로 기술하십시오.(1,000자 이내)

1. 지원동기(유형1) 2. 진로계획(유형3)

14) 동덕여대

디자인대학/미술계열의 경우에만 있음.

고등학교 재학기간 중 본인이 의미를 두고 노력했던 자신의 창의적 활동을 통해 얻어진 1개의 결과물을 첨부하고 그에 대해 자유롭게 기술해주시기 바랍니다.(1,000자 이내)단 입시미술 또는 교과와 관련된 외부 수상 작품은 제외)

1개의 창작 결과물에 대한 제작 과정, 설명과 의미 등을 기재

1. 창작 결과물 소개
2. 제작 과정
3. 창작 결과물에 대한 의미 부여

15) 디지스트

디지스트에 자신을 소개하여 주십시오.(3,000자 이내)

〈교육철학의 바탕으로 4C를 갖춘 과학 기술인 양성. 4C는 이제껏 통용된 것과는 전혀 다른 방식으로 지식을 창출하고 융합할 줄 아는 창의성(Creativity)과 스스로 문제를 제기하고 또 그 해결이 어렵더라도 포기하지 않고 자신만의 논리로써 답을 찾아내려는 도전성

(Challenge), 다른 사람들과 협력(Collaboration)할 줄 알고 남을 배려(Care)할 줄 아는 사람을 말합니다.〉

유형7, 참고할 것. 협력과 배려는 공통문항 3번을 활용하면 된다. 또한, 창의성 동아리 활동 등에서 찾으면 되고, 도전은 어떤 목표를 설정하고 그것을 이룬 경험을 쓰면 된다. 이때 주의할 것은 필히 SIAR - F 형태로 서술할 것을 권한다.

16) 명지대
지원동기와 학업계획을 중심으로 자신의 향후 진로계획에 대해 기술해 주시기 바랍니다. (1,000자)

1. 지원동기(유형1), 2. 학업계획(유형2), 3. 진로계획(유형3)

17) 부경대
'부경대학교의 해당 모집단위에 지원하게 된 동기와 향후 진로계획에 대해 기술해 주시기 바랍니다. (1,000자 이내)

1. 지원동기(유형1) 2. 진로계획(유형3)

18) 부산대

지원학과를 선택하게 된 지원 동기, 입학 후 학업계획, 졸업 후 진로계획을 모두 기술해 주시기 바랍니다. (띄어쓰기 포함 1,500자 이내)

1. 지원동기(유형1), 2. 학업계획(유형2), 3. 진로계획(유형3)

19) 삼육대

대학 입학 후 학업 계획과 진로 계획에 대해 기술해 주시기 바랍니다. (1,000자 이내)

1. 학업계획(유형2), 2. 진로계획(유형3)

20) 서강대

지원 전공을 선택한 이유와 대학 입학 후 학업 또는 진로계획에 대해 기술해 주시기 바랍니다. (1,000자 이내)

1. 지원동기(유형1), 2. 학업계획(유형2), 3. 진로계획(유형3)

21) 서울과기대

모집단위 관련 지원동기와 진로계획을 위해 어떠한 노력과 준비를 했는지 기술해 주시기 바랍니다.(1,000자 이내)

1. 지원동기(유형1)
2. 진로계획을 위해 한 노력과 준비(유형4)

22) 서울대

고등학교 재학 기간(또는 최근 3년간) 읽었던 책 중 자신에게 가장 영향을 준 책을 3권 이내로 선정하고 그 이유를 기술해 주시기 바랍니다.

선정 이유는 각 도서별로 띄어쓰기 포함하여 500자 이내로 작성

선정 이유는 단순한 내용 요약이나 감상이 아니라, 읽게 된 계기, 책에 대한 평가, 자신에게 준 영향을 중심으로 기술해 주시기 바랍니다.

유형8 참고할 것

23) 서울 시립대

지원동기와 향후 진로계획에 대해 구체적으로 기술해 주시기 바랍니

다. (학부, 과인재상을 고려하여 작성 1,000자 이내)

  1. 지원동기(유형1), 2. 진로계획(유형3)
  ※해당 홈페이지에 들어가 필히 인재상 등을 확인할 것.

24) 성균관대

다음 중 하나를 선택하여 기술해 주시기 바랍니다. (1,000자 이내)
-본인의 성장환경 및 경험이 자신에게 미친 영향 ==〉유형5 참고
-지원동기 및 진로를 위해 노력한 부분 ==〉유형4 참고
-본인에게 영향을 미친 유, 무형의 콘텐츠(인물, 책, 영화, 음악,
  사진, 공연 등)==〉유형 5 참고하여 유, 무형 콘텐츠 위주로 작성
  할 것.

25) 세종대

  고등학교 재학 기간 중 진로 선택을 위해 노력한 과정, 대학 입학 후
학업계획과 향후 진로계획에 대해 서술해 주시기 바랍니다. (1,000자)

  1. 진로 선택을 위해 노력한 과정(유형4)
  2. 학업계획(유형2)

3. 진로계획(유형3)

26) 숙명여대

지원동기와 지원 분야의 진로계획을 적고 이를 위해 어떠한 노력과 준비를 해왔는지 기술해 주시기 바랍니다. 단, 진로계획을 위한 노력과 준비는 교내 활동을 중심으로 작성하며, 교외 활동 중 학교장의 허락을 받고 참여한 활동은 작성 가능합니다.(1,000자 이내)

1. 지원동기(유형1), 진로계획(유형3)
2. 진로 선택을 위해 노력한 과정(유형4)

27) 숭실대

지원동기와 대학 입학 후 학업계획 및 향후 진로계획에 대해 기술해 주시기 바랍니다. (1,000자 이내)

1. 지원동기(유형1), 2. 학업계획(유형2), 3. 진로계획(유형3)

28) 아주대

지원 전공을 선택한 이유와 자신의 목표를 이루기 위해 고등학교 재학 중 도전한 경험에 대해 구체적으로 기술해 주시기 바랍니다.

(1,000자 이내)

　1. 지원 전공을 선택한 이유 – 지원동기 (유형1)
　2. 목표를 이루기 위한 도전한 과정 : SIAR – F 이용하여 스토리로 적을 것을 권함 상황 – 목표 – 활동 – 결과 – 느낀 점 – 진학할 학과와 연계시킬 것.(예문은 디지스트의 도전부분 참고하면 된다.)

　29) 연세대
　해당 모집단위에 지원하게 된 동기와 지원하기 위해 노력한 과정을 구체적으로 기술하시오(1,000자 이내)

　1. 지원동기(유형1)
　2. 진로계획을 위해 한 노력과 준비(유형4)

　30) 연세대(원주)
　해당 모집단위에 지원하게 된 동기와 지원하기 위해 노력한 과정 및 장래계획에 대해 구체적으로 기술하시오(1,000자 이내)

　1. 지원동기(유형1)

2. 노력과 준비 과정(유형4)

3. 장례계획(유형3)

31) 영남대

지원동기와 입학 후 학업 및 진로계획에 대해 기술해 주시기 바랍니다.(1,000자 이내)

1. 지원동기(유형1), 2. 학업계획(유형2), 3. 진로계획(유형3)

32) 우송대

학부(과) 지원동기 및 대학 입학 후 학업계획을 기술해 주시기 바랍니다.(1,500자 이내)

1. 지원동기(유형1), 2. 학업계획(유형2)

33) 유니스트

UNIST에 지원한 동기와 입학하기 위해서 고등학교 재학기간 동안 들였던 노력, 열정, 끈기 등에 대해서 활동중심으로 상세히 기술해 주시기 바랍니다. (1,000자 이내 2번과 중복 가능)

1. 지원동기(유형1)

2. 진로계획을 위해 한 노력과 준비(유형4)

34) 인천대

해당 모집단위에 지원한 동기와 대학 입학 후 학업계획 및 진로계획을 구체적으로 기술하세요. (1,000자 이내)

1. 지원동기(유형1), 2. 학업계획(유형2), 3. 진로계획(유형3)

35) 인하대

희망전공에 지원한 동기와 준비과정을 기술해 주시기 바랍니다. (1,000자 이내)

1. 지원동기(유형1)

2. 준비과정(유형4)

36) 전북대

지원동기와 향후 진로계획을 기술해 주시기 바랍니다. (1,000자 이내)

1. 지원동기(유형1), 2. 진로계획(유형3) : 진로계획 부분에 학업계획도 일정 부분 언급하는 것이 좋다.

37) 제주대

제주대학교 학과(전공)를 선택한 동기와 입학 후 학업계획에 대하여 자유롭게 기술해 주시기 바랍니다. (1,000자 이내)

1. 지원동기(유형1), 2. 학업계획(유형2),

38) 중앙대

해당 모집단위에 지원하게 된 동기와 지원하기 위해 노력한 과정을 구체적으로 기술해 주시기 바랍니다. (1,500자 내외)

1. 지원동기(유형1)
2. 노력한 과정(유형4)

39) GIST

광주과학기술원 GIST 대학에 지원한 동기에 대해 작성하고, 본인은 어떤 과학 기술인으로 성장하고 싶은지 기술해 주시기 바랍니다.

(1,500자 내외)

유형9 참고할 것.

40) 충남대
자신의 지원동기 및 학업계획에 대해 자유롭게 기술해 주시기 바랍니다. (1,000자 이내)

1. 지원동기(유형1), 2. 학업계획(유형2)

41) 충북대
지원동기와 대학 입학 후 학업계획, 향후 진로계획에 대해 기술해 주시기 바랍니다. (1,000자 이내)

1. 지원동기(유형1), 2. 학업계획(유형2), 3. 진로계획(유형3)

42) 카이스트
본인의 꿈(목표)은 무엇이며, 그것을 이루기 위해 지금까지 기울인 노력과 앞으로의 계획을 기술해 주시기 바랍니다. (1,000자)−꿈을 이루기 위하여 KAIST를 선택한 이유와 그 과정에서 예상되는 역경을 포함하여 작성해주시기 바랍니다.

1. 목표〈구체적으로〉 : 지원동기 참고(유형1)
2. 기울인 노력(유형4 참고)
3. 앞으로의 계획(진로계획 유형3 참고)
4. 꿈을 이루기 위해 예상되는 역경을 예로 들고 극복하겠다는 의지를 표현

43) 포항공대

자신에 대해 좀 더 소개하고 싶은 내용(POSTCH 지원동기, 재능 및 특기 등)이 있다면 자유롭게 기술해 주시기 바랍니다. (1,000자 이내)

1. 지원동기(유형1 참고)
2. 재능 및 특기(스토리화하여 작성할 것)

44) 한국 교원대

지원자 본인이 우리 대학에 합격해야 하는 당위성 및 강점에 대해 여러 근거(교직 적, 인성 등)를 들어 자유롭게 기술하여 주시기 바랍

니다. (1,000자)

1. 한국 교원대는 어떤 인재를 원하는가부터 생각할 것. 유형6 참고할 것
2. 자신의 강점

45) 한국기술교육대학교

대학 입학 후 학업 계획과 향후 진로 계획에 대해 기술해 주시기 바랍니다. (1,000자 이내)

한국 산업 기술대학교

1, 2, 3번 문항을 통해 작성하지 못한 내용이 있다면 아래의 사항을 참고하여 자유롭게 기술해 주시기 바랍니다.
1) 지원동기 : 자신의 강점, 주 관심 분야
2) 교육환경 : 지원한 학과(전공)에 진학하기 위한 노력 등

1. 지원동기 : 유형1 참고하여 강점 및 관심 분야가 포함되게 지원
   동기 작성할 것.
2. 교육환경 : 유형4 참고하여 작성할 것

46) 한국외대

해당 모집단위에 지원하게 된 동기와 지원하기 위해 노력한 과정을 구체적으로 기술해 주시기 바랍니다. (1,000자 이내)

1. 지원동기(유형1 참고)
2. 지원하기 위해 노력한 과정(유형4 참고)

47) 한국 항공대

지원한 모집 분야에 지원하게 된 동기와 향후 진로계획, 장래 희망에 대해 구체적으로 기술해 주시기 바랍니다. (1,000자 이내)

1. 지원동기(유형1 참고)
2. 진로계획 및 장래 희망 : 유형3 참고하여 장래 희망이 포함되게 작성할 것.

48) 한동대

한동대학교 지원동기와 입학 후 학업계획 및 졸업 후 진로계획에 대해 기술해 주시기 바랍니다. (1,000자 이내)

1. 지원동기(유형1), 2. 학업계획(유형2), 3. 진로계획(유형3)

49) 한밭대

우리 대학에 지원하게 된 동기와 지원 전공 분야의 학업계획 대해 기술해 주시기 바랍니다. (1,000자 이내)

1. 지원동기(유형1), 2. 학업계획(유형2)

50) 한성대

한성대학교와 지원 학부에 대한 각각의 지원동기와 대학 졸업 후 진로계획에 대해 기술해 주시기 바랍니다. (1,000자 이내)

1. 한성대학교에 대한 지원동기(유형1 참고)
2. 전공에 대한 지원동기(유형1 참고)
3. 졸업 후 진로계획(유형3 참고)

51) 홍익대

지원동기 및 대학 입학 후 학업계획과 향후 진로계획에 대해 기술해 주시기 바랍니다. (1,500자 이내)

1. 지원동기(유형1), 2. 학업계획(유형2), 3. 진로계획(유형3)

교육대학
4번 문항

교육대학
4번 문항

*교육대학 공통문항 예문

1. 작성법은 공통문항 작성법을 참고할 것.

－교육대학교의 특성상 공통문항도 교육과 연관된 것을 작성하면 좋다.

2. 교육대학 공통문항 작성사례 1

1번 문항. 고등학교 재학 기간 중 학업에 기울인 노력과 학습 경험에 대해, 배우고 느낀 점을 중심으로 기술해 주시기 바랍니다.

과정은 결과보다 중요하다. 3학년 때, 선생님 대신해서 직접 영어 수업을 할 기회가 생겼습니다. 동영상도 보고, 선생님이 수업하던 모습도 되새기며 수업방법을 연구했습니다.' 친구들이 이해하기 쉽도록 하려면 예를 많이 들어야겠다.'라는 수업방침도 세웠습니다. 그래서 하나의 단어가 여러 의미로 사용되는 것에 대한 예문을 세 가지씩 준비했습니다. 준비를 하면서 '선생님들도 이런 힘든 과정을 겪는구나.' 하는 생각이 들었습니다. 마침내 수업시간, 처음에는 긴장되어 말도 더듬고 친구들의 눈도 못 보고 수업을 진행했습니다. 그러나 하다 보니 침착하게 웃으며 수업을 할 수 있었습니다. 수업 후에는 선생님과 친구들이 내 수업에 대해 피드백을 해주어 교사가 꿈인 저에게 좋은 경험이 됐습니다. 수업을 준비하는 과정은 오랜 시간을 필요로 했습니다. 내실 있는 수업이 되려면, 충분한 준비과정이 있어야 하며, 결과도 중요하지만 준비과정은 더 중요하다는 걸 느꼈습니다.〈479자〉
: 전공과 연계

학교 소인수 교육과정 중 교육학 강좌가 개설된다는 소식을 접했습니다. 교대든 사범대든 교육학이 필수며, 미리 배워두면 도움이 되겠다는 생각에 신청하였습니다. 다양한 내용 중 가장 인상 깊었던 내용은 '존경받는 교사가 되려면 어떻게 수업을 해야 하며, 어떤 교사가 되어야할까?, 그리고 우리나라에는 어떤 교사상이 필요할까?'라는 것이었습니다. 그러자 제가 교사가 되려고 마음먹은 계기가 된 초등학교 5학년 담임선생님이 떠올랐습니다. 공부를 이해하기 쉽게 잘 가르쳐 주셨고 무엇보다 '아버지 같은 따뜻한 마음과 친구 같은 다정한 모습'으로 우리를 대해주셨습니다. 저도 그런 선생님이 되어야겠다는 생각을 했고 수업 마지막에 작성하는 보고서도 위의 주제로 작성하였습니다. 교육학 수업은 교육자가 되기 위해서는, 많은 노력과 다양한 경험이 필요하다는 것도 알게 되었습니다. 미래에 제가 교육자가 된다면 아이들의 마음을 품어주는 아버지 같이 다정한 교사가 되겠습니다. 〈483자〉전공과 연계

2번 문항. 고등학교 재학기간 중 본인이 의미를 두고 노력했던 교내 활동을 배우고 느낀 점을 중심으로 3개 이내로 기술해 주시기 바랍니다. 단, 교외 활동 중 학교장의 허락을 받고 참여한 활동은 포함됩니다.

2학년 때 부터 교사를 꿈꾸는 친구들을 모아 'TCRS' 라는 교사진로 동아리를 구성하여 활동하였습니다. 이 동아리는 교대, 사범대를 꿈꾸는 친구들이 모여, 교사가 하는 일을 선행학습해보는 동아리입니다. 동아리장이 되어 활동 프로그램 만드는 것을 주도하고, 친구들이 잘 활동할 수 있도록 도와주었습니다. 함께 활동한 프로그램 중 가장 기억에 남는 활동은 멘토링 활동입니다. 동아리 친구들 각자가 좋아

하거나 잘 하는 과목을 선정해 사전 준비를 해와 친구들에게 강의하는 방식이었습니다. 좋았던 점은 칭찬하고 부족한 점은 냉정하게 비판하는 등의 피드백을 해주었는데, 각자 자신의 방식을 되돌아보는 계기가 되었습니다. 이러한 활동을 하면서 교사라는 직업이 많은 노력을 요구하는 직업임을 느꼈습니다. 왜냐하면 동아리 활동프로그램을 계획하는 것, 프로그램을 진행할 때 동아리원들과의 상호작용을 한 것 등이 많은 노력을 요구하였으며, 그것은 실제 수업을 하는 것과 비슷하다고 느꼈기 때문입니다.〈494자〉

'차이는 인정한다. 하지만 차별은 인정하지 않는다.' 사회문화 수업 중 가족 교육과 교육제도에 대한 부분에 흥미가 생겨 더 심화된 공부를 하고 싶다고 생각하던 중, 학교에서 인문탐구 보고서 대회가 열려 이 주제로 참여하게 되었습니다. 교육의 정의, 우리나라의 교육제도, 제도의 문제점과 해결방안에 대해 다각도로 조사를 하였습니다. 교과서는 물론 인터넷과 도서관을 이용해 관련 자료를 모았습니다. 현재의 교육제도의 문제점을 정리한 후, 나름의 해결방안을 제시하고, 그 사항들에 대해 선생님과 친구들을 대상으로 인터뷰를 실시하였습니다. 그러한 과정을 정리해 '우리나라 교육제도의 문제점과 해결방안'이라는 보고서를 작성해 좋은 결과를 얻었습니다. 이러한 보고서 작성 과정에서 가장 깊이 느낀 점이 '사람은 성적순이 아니다.'입니다. 사람마

다의 차이는 존재 합니다. 하지만 그 차이를 두고 차별하는 것은 옳지 않다고 느꼈습니다. 〈463자〉

"아이들은 사랑을 먹고 자란다." RCY에서 가장 뜻 깊게 한 활동은 학교 텃밭 가꾸기입니다. 학교 내의 자투리 공간을 사용하여 텃밭으로 만들고 가꾸는 활동이었습니다. 외할머니 댁에서 밭을 가꾸어 보았기에 학교에서 맡은 것을 능숙하게 해낼 수 있었습니다. 땅을 갈고, 모종을 심고 물을 주면서 가꾸는 것까지 모든 활동을 했습니다. 각 작물에 매일 물주는 사람을 정해 물을 주었는데, 함께 조를 이룬 친구와 협동해서 같이 작물을 키워갔습니다. 이 작물을 키워내겠다는 책임감에 친구가 나오지 않으려 할 때에도 설득하여 데리고 나와 같이 했습니다. 저희 동아리원들이 정성스럽게 가꾼 결과 아주 값지고 뜻 깊은 오이, 고추, 상추 등 많은 작물들이 자라나서 기뻤습니다. 이 활동을 통해서 작물들이 자연 속에서 자라나는 것을 보고 자연의 소중함을 느낄 수 있었고, 나중에 교사가 되었을 때 작물을 정성스럽게 가꾸어 열매를 맺는 것처럼 아이들에게도 사랑으로 대해주면 생각이 튼튼한 아이로 자라날 것이라는 생각을 했습니다.〈513자〉

〈전공과 연계〉

3번 문항. 학교 생활 중 배려, 나눔, 협력, 갈등관리 등을 실천한 사례를 들고, 그 과정을 통해 배우고 느낀 점을 기술해 주시기 바랍니다.

　　3학년 때 친구의 소개로 다문화가정 아이들을 가르쳐 볼 기회가 있었습니다. '다문화 가정이라서 말이 안 통하진 않겠지, 내 말을 잘 들어 줄까?' 이런저런 걱정을 하며 봉사활동 장소에 갔습니다. 3명의 아이가 있었는데, 저는 1학년 아이를 맡아 수학을 가르쳤습니다. 1학년 과정에서 곱셈 부분을 가르치는데 학생이 좋아하는 채소를 물어보고 그 채소와 채소가 들어있는 상자로 곱셈을 알려주었더니 쉽게 잘 이해했습니다. 그렇게 두 번 세 번 더하고 난 후 아이가 기말고사 시험을 쳤는데, 저에게 와서 "선생님 저 100점 맞았어요." 라고 말했습니다. 깜짝 놀라며 많이 칭찬해주었습니다. 저를 선생님이라 불러주어 진짜 선생님이 된 것처럼 기뻤으며, 잘 따라주어 100점 맞은 것도 뜻 깊고 고마웠습니다. 초등교사가 된다면 아이에게 곱셈을 알려준 것처럼 저만의 독특한 방법을 연구하여 학생들을 가르치는 교사가 되어야겠다고 마음먹었습니다.

　　1학년 때 선생님의 추천으로 학급 스쿨 폴리스 활동을 했습니다. 학급 스쿨폴리스란 학교 내에서 일어나는 폭력 등의 문제를 예방하는 단체입니다. 스쿨폴리스 활동을 하던 중 두 친구가 한 문제에 대한 의견충돌로 싸울 뻔한 상황이 벌어졌습니다. 화가 난 두 친구를 떼어놓은 후 두 친구의 얘기를 중립적인 입장에서 들어주며, 화해를 시켰습니다. 또한, 관심을 받고 싶어 비상식적인 행동을 하는 한 친구가 있었습니다. 그 친구는 다른 친구들로부터 따돌림을 받아 학교생활을 힘들어했는데, 그런 상황을 지켜보다 안 되겠다 싶어 조언을 해주었습니다. "네가 크게 말하고, 필요 이상으로 하는 행동은 다른 친구들이 비상식적으로 받아들여, 내가 도와줄 테니 너도 노력해봐." 그 이후 그 친구의 행동이 바뀌었고 다른 친구들도 더 이상 왕따를 시키지 않게 되었습니다. 이 활동을 하면서 친구들 간의 분쟁을 조정하고 상담을 해서 좋은 결말을 가져와 보람을 느꼈고, 스쿨폴리스 활동을 통해 학교폭력이 줄었다는 말을 듣고 기분이 좋았습니다.

※줄 친 부분은 경험을 통해 느낀 점을 초등 교사와 연결하여 작성함.

3. 교육대학 공통문항 작성사례 2

1번 문항. 고등학교 재학 기간 중 학업에 기울인 노력과 학습 경험에 대해, 배우고 느낀 점을 중심으로 기술해 주시기 바랍니다.

역사는 지루한 암기과목이라 생각해서 달달 외운 끝에 1학년 때 한국사 1등급을 받았습니다. 하지만 그것은 진짜 제 실력이 아니었습니다. 그러던 중 한국사가 수능 필수 과목으로 지정되었고 설상가상으로 3학년 때는 동아시아사 과목을 배우게 되었습니다. 1학년 때 배웠던 한국사는 다 잊어버려 수능 대비하는 것이 막막하기만 했습니다. 하지만 '시작에 늦는 것은 없다. 늦게 시작하는 것을 두려워하지 말자'라는 생각으로 다시 한번 공부해서 이해를 통한 진짜 실력을 쌓자고 결심했습니다. 저는 크게 두 가지 방법을 활용했습니다. 첫째, 친구들과 함께 역사 학습 동아리를 만들어 한 명씩 번갈아 가며 역사 선생님이 되어 설명했습니다. 설명하는 방식의 공부는 무작정 하는 암기가 아닌 자연스러운 이해를 도왔고 역사의 흐름을 정리하는 데도 효과적이었습니다. 또한 동아리원 간에 서로 주고받는 질문은 미처 보지 못했던 세세한 개념을 재정립할 수 있게 했습니다.

둘째, 재미있는 역사 공부를 위해 노력했습니다. 역사를 배울 때 힘들었던 점 중 하나가 재미가 없다는 것이었습니다. 수업시간 선생님의 짧은 역사 이야기나 EBS 역사 채널 e 와 같은 다큐멘터리 프로그램은 역사의 재미를 느끼게 해 주었습니다. 특히 다산 정약용과 그의 제자 황상의 이야기가 인상 깊었습니다. 둔하고 답답한 자신도 공부를 할 수 있겠느냐는 황상의 말에 정약용은 배우는 사람의 세 가지 단점이 없으니 충분히 할 수 있다고 말합니다. 제자의 단점이 아니라 장점에 주목하여 그를 발달시키기 위해 노력한 정약용에게서 배울 점이 많다고 느꼈습니다. 이처럼 역사 공부에 재미를 느끼니 자연스럽게 역사 공부하는 시간이 늘었고 결국 이러한 방법을 통해 동아시아사와 한국사 모의고사 모두 좋은 성적을 낼 수 있었습니다. 또한 저도 다산을 본받아 교사가 된다면 학생의 자질과 재능을 잘 관찰하여 단점보다는 장점을 발견하여 학생이 자신의 능력을 충분히 발휘할 수 있도록 힘써야겠다는 생각을 했습니다.

※줄 친 부분은 경험을 통해 느낀 점을 초등교사와 연결하여 작성함.

2번 문항. 고등학교 재학기간 중 본인이 의미를 두고 노력했던 교내 활동을 배우고 느낀 점을 중심으로 3개 이내로 기술해 주시기 바랍니다. 단, 교외 활동 중 학교장의 허락을 받고 참여한 활동은 포함됩니다.

2학년 때 영어 원서 읽기 동아리를 만들었습니다. 활동 시작 전부터 주말이면 중고서점에 들러 어떤 난이도의 책을 읽고 무슨 독후 활동을 할지 끊임없이 고민했습니다. 하지만 그렇게 설렘으로 가득했던 시작과 달리 저희는 곧 난관에 봉착했습니다. 보통 영어 원서를 순조롭게 읽기 위해서는 단어 정리부터 문장구조의 파악 등 모든 것이 어느 정도 훈련되어야 합니다. 하지만 저는 독후활동에만 치중한 나머지 그 어려움을 간과하고 무작정 친구들에게 책을 읽으라고 하였습니다. 친구들은 당연히 내용을 구조화하는데 어려움을 느꼈고 원서 읽기에 흥미를 느끼지 못했습니다. 저를 믿고 동아리에 가입한 친구들에게 너무 미안해서 다른 방법이 없을까 고민했습니다. 그래서 빙고 게임을 하고 단어 시험을 치는 등 친구들이 조금이나마 원서 읽기를 쉽게 느끼도록 노력했습니다. 2학기에는 처음의 취지와는 다소 벗어난 감이 있었지만, 낙태, 무상급식 등 사회에서 이슈화되는 주제들을 다룬 영어 기사를 읽고 토론하는 시간을 가졌습니다. 결과는 성공적이었습니다. 대부분의 친구가 자기 생각을 조리 있게 정리하여 상대방과 토론하며 알찬 동아리 활동을 할 수 있었습니다. 결국 끝까지 포기하지 않고 노력했기 때문에 좋은 결과로 이어질 수 있었습니다. 이러한 고난의 극복은 훗날 제가 교사로 성장할 때의 훌륭한 밑거름이 되리라 생각합니다.

2학년 축제 때, 저를 포함한 11명이 반대표로 나가 춤을 추기로 했습니다. 처음에는 모두 열정을 가지고 시작했지만, 곡 선정부터 의견이 맞지 않았습니다. 저는 후보곡들의 난이도, 인지도 등의 기준을 토대로 나름의 분석을 하여 친구들에게 장·단점을 말해준 후, 투표하자고 했고 친구들이 동의하여 선곡했습니다. 시험 기간이라 시간이 없었지만, 주말은 물론이고 중·석식 시간까지 안무 외우기에 집중했습니다. 하지만 동영상만을 보며 연습을 하기는 쉽지 않았습니다. 저는 안무를 어려워하는 친구들을 위해 먼저 안무를 습득해서 가르쳐주곤 했습니다. 몇 번씩이나 반복해서 가르쳐줘도 따라 하지 못 하는 친구들 때문에 답답한 적도 많았습니다. 하지만 그런 저보다 당사자들이 더 속상하고 힘들어 할 것을 알았습니다. 그래서 할 수 있다는 믿음을 가지고 친구들을 격려하며 계속해서 같은 동작을 반복했습니다. 마침내 모든 친구는 안무를 완벽히 습득할 수 있었습니다. 이런 고된 연습에도 불구하고 축제 오디션에 떨어지고 말았지만, 오히려 친구들과의 우정은 더욱더 깊어졌습니다. 또한 함께 울고 웃으며 연습했던 많은 시간은 잊지 못할 추억이 되었고 저에게 '믿음'의 힘을 일깨워 줬습니다.

※줄 친 부분은 경험을 통해 느낀 점을 초등 교사와 연결하여 작성함.

3번 문항. 학교생활 중 배려, 나눔, 협력, 갈등관리 등을 실천한 사례를 들고, 그 과정을 통해 배우고 느낀 점을 기술해 주시기 바랍니다.

부반장으로서의 학급 임원 활동은 저를 많이 성장하게 해 준 경험이었습니다. 사람들 앞에서 얘기할 때 수줍음을 많이 탔던 저는 여러 번 학급 정보를 전달하고 친구들의 이견을 조율하는 일을 하면서 많은 자신감을 얻었습니다. 저는 어떻게 하면 반 친구들이 편안한 학교생활을 할 수 있을까 고민하게 되었고 에어컨 청소와 도시락 급식 정리 등 사소하지만 꼭 필요한 일들을 자원해서 하기 시작했습니다. 그리고 제가 한 일덕에 반 친구들이 편하게 공부하는 것을 보며 굉장한 보람을 느꼈습니다. 그 보람은 가끔 뜻대로 되지 않는 학급 일에 힘들어도 다시 웃게 하는 원동력이 되었고 학급 환경에 좀 더 많은 관심을 가지고 살펴보게 하는 계기를 마련해 주었습니다. 또한 저를 잘 믿고 따라주는 반 친구들 덕에 임원 활동을 하는 동안 항상 자부심을 가지고 열심히 일할 수 있었습니다. 결과적으로 저는 부반장이 되어 제가 학급에 봉사한 것보다 오히려 훨씬 더 큰 것을 얻을 수 있었습니다.

도서관 책 읽기 봉사는 도서관에서 아이들에게 동화책을 읽어주는 활동이었습니다. 초등교사가 꿈인 저에게 아이들의 눈높이에서 책을 읽어주는 것은 좋은 경험일 것으로 생각했습니다. 집중을 못 하고 산만할까 봐 걱정했지만 제가 책을 읽기 시작하자 어느새 아이들은 제 목소리에 귀를 기울이며 초롱초롱한 눈으로 책에 집중했습니다. 독후 활동으로 준비한 것은 동물 종이접기였습니다. 먼저 시범을 보이면 쉽게 따라 할 줄 알았는데 여기저기서 잘 안된다며 저를 부르는 통에 한 명씩 봐주느라 시간이 오래 걸렸습니다. 사소한 것 하나하나까지 물어보는 아이들이 조금 짜증나기도 했습니다. 활동을 마친 후 한 아이가 저에게 "언니, 다음에 또 와" 하며 사탕을 건네주었을 때 저는 속으로지만 아이들에게 짜증냈던 제가 너무나도 부끄러웠습니다. 그리고 그 예쁘고 순수한 마음에 정말 고마웠고 서투른 수업을 했던 것이 미안하기만 했습니다. 짧은 시간이었지만 아이들을 사랑으로 보살피는 것이 얼마나 중요한 일인지 다시금 깨닫는 계기가 되었습니다.

※줄 친 부분은 경험을 통해 느낀 점을 초등교사와 연결하여 작성함.

*교육대학 학교별 4번 문항

1. 대구교대
자신의 성장 과정과 환경(가정, 학교 등)이 교직을 수행하기에 어떠한 강점이 될 수 있는지 기술해 주시기 바랍니다. (1,000자 이내)

〈작성 방법〉
교육과 관련된 활동(Activity)을 적고 자신의 강점으로 표현할 것. SIAR – 강점 형태를 가지면 좋을 것 같다. 상황–이슈–활동–결과–강점으로 구성하는 방법.

1) 자신의 성장 과정과 환경(가정, 학교 등) – 유형5 참고할 것 : 교육과 관련되게 성장과정 작성
2) 교직을 수행하는 데는 어떤 자질이 필요하고 '1)'에 작성한 성장과정과 환경이 그 자질에 부합하는 강점이 된다는 식으로 서술할 것.

작성 예문

어렸을 때부터 제 말이 아무리 사소하더라도 말을 끊지 않고 끝까지 들어주신 부모님의 모습은 제가 '경청하는 자세'를 배울 수 있는 본보기가 되었습니다. 그래서 어려서부터 대화할 때 상대방의 말을 경청하여 듣고 말하는 습관을 기를 수 있었습니다. 경청하는 습관은 상대방과의 진솔한 대화를 가능하게 합니다. 그 때문에 이러한 습관은 초등교사로서 교직 수행을 할 때 아이들의 이야기를 들어주고, 마음을 어루만지며 아이들과 정서적 교류를 하는 데 큰 도움이 되리라 생각합니다.

초등학교 5학년 때의 담임선생님은 제가 가장 닮고 싶은 선생님의 모습입니다. 저는 선생님을 만나 '배움과 가르침에 있어 포기하지 않는' 사람이 될 수 있었습니다. 선생님을 만나기 전, 저는 모르는 것이 있어도 질문하기가 부끄러워 그냥 넘어가곤 했습니다. 하지만 "모르는

것은 부끄러운 것이 아니지만, 알기를 포기하는 것은 부끄러운 것"이라는 선생님의 말씀을 통해 저는 예전의 제 습관이 진정한 배움을 얻는 데에 있어 큰 걸림돌이 된다는 것을 깨달았습니다. 그날 이후로 저는 무언가를 배울 때 모르는 것이 있으면 끝까지 질문해서라도 포기하지 않고 그것을 완전히 익히도록 노력하는 사람이 되었습니다.

이러한 저의 태도는 가르침에서도 똑같이 적용되었습니다. 고등학교에 올라와서 멘토-멘티 활동이나 학습 동아리 활동을 할 때 친구들의 이해가 더디더라도 저는 절대 포기하지 않았습니다. 적당히 가르쳐주고 끝낼 수도 있지만 저는 제게 질문 한 친구들이 과거의 저처럼 풀리지 않은 궁금증을 그냥 넘어가지 않길 바랐기 때문입니다. 그래서 자습시간 1시간을 오로지 친구가 물어본 한 문제를 설명하는 데 쏟아 부어 제 공부 시간이 부족한 적도 많았습니다. 하지만 마침내 이해가 되었을 때 "아~!" 라는 감탄사를 내뱉는 친구들의 표정은 저에게 큰 보람이자 기쁨이 되어 돌아왔습니다. 이렇게 끝까지 포기하지 않고 학생의 진정한 배움을 위해 노력하는 제 모습은 훗날 초등교사로서의 강점이 되리라 생각합니다.

2. 부산교대

예비 초등교사가 되는데 있어 자신의 성장 과정과 환경이 자신의 삶에 어떤 영향을 미쳤는지 기술하고, 교직 수행에 도움이 된다고 여겨지는 다양한 재능을 실천 사례와 더불어 서술해 주시기 바랍니다. 반대로 보완할 약점도 함께 기술해 주시기 바랍니다. (띄어쓰기 포함 1,500자 내외)

〈작성 방법〉

1) '성장 과정과 환경이 자신의 삶에 미친 영향'은 STORY로 적어야 한다. (유형5 참고)

2) 1)을 기초로 하여 자신의 재능이나 특기를 사례로 서술하면 된다. 이때 초등학교 학생과　연관된 것을 적으면 좋겠다.(사례는 SIAR 형태로 적으면 된다.)

3) 또한, 성장기(초, 중, 고) 시절의 경험을 예시하고, 적극적인 자세나, 창의성이나, 기타 교사의 자질과 연관 지어 서술하기 바람. (예시는 SIAR 형태로 스토리로 작성할 것)

보완할 약점은 간단하게 적고 그것을 적극적으로 극복하고 있는 과정이라든지, 그것에서 느낀 교훈과 연결하면 좋다.

작성 예문

어렸을 때부터 부모님의 맞벌이로 인해 외할머니댁에서 하루를 보내곤 했습니다. 글자를 모르시는 외할머니는 그 당시 제게 글을 읽고 쓰는 것을 자주 부탁하셨습니다. 한두 번 가르쳐 드리다 보니 재미가 붙어 초등학교 저학년 때부터는 할머니의 한글 선생님을 자처하여 할머니께 한글 쓰기와 읽기를 가르쳐 드리며, 받아쓰기 같은 시험도 치르곤 했습니다. 가르치는 일이 좀 더 자연스러워진 5학년 때는 친구들 사이에서 '백 박사'라고 불리며 친구들이 모르는 것을 가르쳐 주기도 했습니다. 그 '백 박사'라는 별명을 처음 지어주신 5학년 때 담임선생님은 제가 가장 닮고 싶은 선생님의 모습입니다. 선생님은 항상 더 좋은 수업에 대해 끊임없이 고민하셨고, 제가 모르는 것을 물어보면 학교 업무로 바쁜데도 불구하고 항상 차근차근 가르쳐주셨습니다. 그런 선생님의 열정 덕분에 저는 멀리만 느껴졌던 영어라는 과목에 흥미를 느낄 수 있었습니다.

"영어는 또 다른 가르침의 시작이 되었습니다." 선생님 덕분에 재미를 느꼈던 영어 과목은 중학교와 고등학교 내내 가장 좋아하는 과목이 되었습니다. 고등학교에 올라와서 급격히 높아진 난이도 때문에 영어공부를 힘들어하는 친구들을 많이 봤습니다. 그래서 제가 알고 있는 수준에서라도 도움을 주고 싶어 2학년 때 영어 학습동아리를 만들어 멘토로 활동했습니다. 대부분의 친구가 문장 독해에 어려움을 겪는 것을 보고 문장 끊어 읽기와 단어 분석 등을 같이 하며 친구들의 실력 향상을 위해 함께 노력했습니다. 또한 겨울방학 때는 단어정리 도우미로 활동하면서 지문 속 단어를 미리 분석하고 정리하여 반 친구들과 수업 전에 함께 단어를 예습하기도 했습니다. 하지만 무엇보다도 선생님의 추천으로 수업시간에 일일 교사를 했던 경험이 가장 기억에 남습니다. 직접 수업을 준비해서 20여 분 동안 실제로 반 친구들을 대상으로 수업을 하는 체험으로, 교사를 꿈꾸는 제게는 정말 의미 있는 경험이었습니다. 능숙하게 수업을 이끄는 것은 생각보다 어려운 일이었지만 다시금 선생님이란 직업에 대해 큰 존경심과 매력을 느낄 수 있었던 기회였고, 제 수업에 집중하고 호응해주는 친구들을 보면서 많은 보람을 느낄 수 있었습니다.

"항상 좋은 사람이 되려고만 합니다." 저는 타인이 생각하는 제 모습에 예민한 편입니다. 좋은 사람으로 기억되고 싶어서 누군가가 부탁을 해도 웬만큼 어려운 부탁이 아니면 거절하지 못합니다. 그리고 상대방에게 충고를 해줄 때도 항상 솔직하지 못하고 조심스러워 합니다. 하지만 시간이 지날수록 그것이 오히려 상대방에게는 독이 될 수 있고 그런 제 행동이 스스로를 지치고 힘들게 만든다는 것을 알았습니다. 그리고 좋은 말로 제 거짓 의사를 포장할 것이 아니라 진심으로 상대방을 대하는 것이 제가 진정한 좋은 사람이 되는 길이라는 것을 깨달았습니다. 그것을 깨달은 지금은 전보다 타인을 대하는 데에 있어서 훨씬 솔직해졌습니다. 앞으로도 진정 무엇이 이타적인 것인지 고민하며 참된 좋은 사람이 되기 위해 노력하겠습니다.[1,473]

※POINT

1. 백박사, 멘토 등의 이야기로 누군가를 가르친다는 성장 과정의 스토리로 구성이 되었다.

2. 교사는 아이들을 가르치는 직업이다. 위의 사례에는 남을 가르치는 교사의 자질을 자신이 가지고 있음을, 남을 가르치는 사례를 통해 표현하였다.

3. 단점을 서술하고 있으나, 내용을 들여다보면 단점이 단점이 아닌 것으로 이해할 수 있게 서술했다. 표현의 힘이다.

3. 서울 교대

초등교사에게 필요한 자질이 무엇이라고 생각하는지 쓰고, 그 자

질을 갖추기 위해 어떤 노력을 해왔는지를 구체적으로 기술하시오.(1,500자 이내)

4. 진주교대.

초등교사에게 필요한 자질이 무엇이라고 생각하는지 쓰고, 그 자질을 갖추기 위해 어떤 노력을 해왔는지를 구체적으로 기술해 주시기 바랍니다. (1,500자 내외)

5. 춘천교대

초등교사에게 필요한 자질이 무엇이라고 생각하는지 쓰고, 그 자질을 갖추기 위해 어떤 노력을 해왔는지를 구체적으로 기술해 주시기 바랍니다. (1,500자 내외)

6. 경인교대

초등교사에게 필요한 자질이 무엇이라고 생각하는지 쓰고, 그 자질을 갖추기 위해 어떤 노력을 해왔는지를 구체적으로 기술해 주시기 바랍니다. (띄어쓰기 포함 1,500자)

〈작성 방법〉

경인교대, 서울교대, 진주교대, 춘천교대의 문제는 같다. 먼저 교사의 자질이 무엇인지를 생각해보아야 한다. 그러고 나서 자신이 겪은 활동 속에 초등교사가 지녀야 할 자질을 녹여야 한다. 하나의 자질에 대해 하나의 스토리로 자세하게 표현해도 되고, 여러 가지 교사의 자질에 대해 여러 가지 스토리로 표현도 된다. 아래는 두 가지 경우의 사례이다.

작성 사례 1 하나의 스토리로 자질을 표현한 사례

초등교사에게는 공감 능력과 인내심이 필요합니다. 초등교사는 학생이 스스로 문제를 해결할 수 있도록 도와야 합니다. 아직 미성숙한 단계에 있는 아이들이므로 도움을 주기 위해서는 교사 자신의 견해가 아니라 학생의 시각에서 문제를 바라보고 공감할 줄 알아야 합니다. 그리고 학생에게 해 줄 수 있는 도움과 함께 학생에 대한 믿음으로 학생 스스로가 문제를 해결할 수 있을 때까지 인내해야 합니다. 교사가 학생을 믿고 기다린다면 학생 역시 교사에 대한 믿음을 보여주게 됩니다.

고2 때부터 정기적으로 어린이 멘토링 봉사를 해왔습니다. 그곳에서 아픈 상처를 지닌 제 멘티를 만났습니다. 아이는 초등학교 3학년 여학생으로, 가정폭력을 목격한 경험이 있었습니다. 공부를 열심히 해서 엄마를 아프게 한 아빠를 찾아가 나중에 꼭 복수하겠다는 아이의 말은 충격적이었으며 안타깝기까지 했습니다. 제가 그 나이에 아이와 같은 경험을 했다고 생각해보니 충분히 아이의 감정에 공감할 수 있었습니다. 그제야 말투와 행동이 나이답지 않게 어른스럽고 아이들과 신나게 놀기보다는, 조용히 책을 읽는 모습을 더 자주 보이곤 했던 아이의 모습이 이해가 되었습니다. 저는 근본적으로 문제를 해결하기 위해서는 결국 아이 스스로가 완벽히 상처를 극복해야 한다고 생각했습니다. 아이를 위해 제가 할 수 있는 일은 그저 멘토링 시간을 즐겁게 만들어 주는 것으로 판단했습니다.

그 이후부터 활동할 때마다 아이를 더 많이 칭찬해주고, 아이의 관심사에 대해 꾸준히 물어보는 등, 아이가 멘토링 시간을 즐거워할 수 있도록 큰 노력을 했습니다. 아이의 즉각적인 변화를 기대하지는 않았지만 언젠가는 그 상처를 극복할 수 있을 것이라 믿고 기다렸습니다. 자신의 말에 공감하고 기다려주니 아이는 제게 점점 마음을 열었고 훨씬 많은 이야기를 할 수 있었습니다. 그리고 대화 과정에서 폭력이 나쁜 것처럼 복수도 나쁜 것이라고 진지하게 이야기해 주었습니다. 아이는 전보다 웃는 모습이 많아졌고 나중엔 술래잡기하는 다른 아이들 틈에서 놀고 있는 아이를 볼 수 있었습니다. 아이를 이해해주고 공감해

주고 기다려주니 아이는 상처를 많이 회복하는 것처럼 보였습니다. 아이가 이야기하며 힘들어할 때, 저도 함께 힘든 것 같았으며, 저 자신도 그 힘든 과정을 아이와 함께 공감하며 인내하는 노력이 필요했습니다.

이렇게 한 아이가 변하는 모습을 지켜보면서 저는 아이에 대한 공감과 인내가 얼마나 중요한지 몸소 체험할 수 있었습니다. 만약 제가 아이의 입장에서 문제를 생각하지 않고 성급히 개입하여 문제를 해결하려 했다면 아이는 마음의 문을 닫고 상처를 더 키웠을 수도 있었습니다. 진심이 담긴 공감과 아이에 대한 믿음, 그리고 인내가 있다면 초등교사로서 아이들의 섬세한 감정을 잘 어루만지고 깊은 정서적 교류가 가능할 것이라는 큰 교훈을 얻을 수 있었던 기회였습니다.

작성 사례2 초등교사가 지녀야 할 자질을 세분화하여 자신의 경험과 대비하여 표현

초등교사는 전 과목을 가르치는 사람입니다. 그러므로 초등교사는 능동적인 사고를 해야 합니다. 경직된 사고로는 아이들을 부드럽게 교육할 수 없으며 아이들의 마음을 열게 할 수 없습니다. 그리고 위급 시 효과적으로 대응할 수 있는 상황대처 능력을 지녀야 합니다. 언제 어떠한 위급 상황이 발생했을 때 학생들과 가장 가까이에 있는 교사의 상황대처 능력이 아이의 생명을 좌우하기도 합니다. 어떤 자질도 중요하지 않은 것이 없겠지만 무엇보다 중요한 것은 아이를 사랑하는 마음입니다.

첫째, 능동적인 사고는 주입식 교육의 사고와 반대되는 개념입니다. 또한, 아이들의 수동적인 행동을 변화시켜 능동적인 행동을 유발할 수 있는 사고입니다. 저는 오토다케의 '괜찮아 3반'이라는 글을 읽은 적이 있습니다. 오토다케는 양 손발이 없는 사람입니다. 그가 초등교사를 임시로 할 때 자신은 움직이기 힘들기 때문에 아이들이 자신을 도와줄 수 있는 수업 방법을 택하여 아이들이 능동적으로 움직이게 하였습니다. 저도 그와 같이 수업을 할 수 있는 사고를 기르기 위해 동아리에서 토론도 하고 실제 교육센터에 가서 초등학생을 상대로 실험적인 수업도 해보았습니다. 처음에는 아이들이 익숙하지 않아 어리둥절했지만, 시간이 지날수록 오토다케의 수업방식처럼 아이들이 움직여 주었습니다. 그러한 방법을 통해 아이들은 주입식의 교육보다는 몸으로 활동하며 알게 되는 능동적인 수업 방식이 중요하다는 걸 알게 되었습니다. 아이들에게 국어 수학도 좋지만, 몸을 움직여 익힐 수 있는 교육 방법에 대해 꾸준히 생각하며 개발하겠습니다. 그래서 아이들의 상상력과 꿈이 자라날 수 있도록 하겠습니다.

둘째, 교사는 상황대처 능력이 필요합니다. 초등학생은 예상치 못한 순간에 사고가 일어나기도 합니다. 그것을 대비하여 어떠한 사고가 일어났을 때, 심폐소생술을 즉시 실행하기 위해 심폐소생술을 하는 방법을 학교에서 6시간 수강하고 실제상황에서 당황하지 않게 하기 위해 제 나름대로 실전처럼 연습해 보았습니다. 또한, 학교에서 싸움이 일어났을 때 즉시 말리고, 갈등을 조정하는 역할을 하기도 했습니다.

셋째, 초등교사가 갖춰야 할 자질은 아이를 사랑하는 마음입니다. 아이를 사랑하는 마음이 있어야 아이를 소중하게 대하고 아낄 수 있습니다. 초등학생들은 사랑을 먹고 자라간다고 할 만큼 초등교사가 어떻게 하느냐에 따라 아이의 행동이 바뀝니다. 제가 이러한 사실을 잘 느낄 수 있었던 일은 교육봉사활동을 할 때였습니다. 3명의 아이가 있었지만 제가 담당하는 아이에게 더 잘해주고 싶다는 생각이 들었습니다. 그러나 처음에는 어색해서 눈도 못 마주치고 말도 잘하지 못했는데, 제가 안아주고 칭찬해주니까 아이가 마음을 열고 저를 믿어주었습니다. 부모가 자식에게 더 눈이 가듯, 교사가 제자에게 더 눈이 가고 잘해주고 싶은 마음이 아이를 사랑하는 마음이라는 것을 깨달았습니다.

마지막으로, 제가 초등교사가 된다면 아이들이 미래에 건강한 사회 구성원이 될 수 있도록 가르치는 사명감이 투철한 선생님이 되겠습니다.

7. 전주교대

자신의 성장 과정과 환경이 자신의 삶에 미친 영향에 대해 기술해 주시기 바랍니다.
(1,000자 이내)

일반 대학교 4번 작성 문항 유형5 참고하여 초등학교 교육과 연관하여 작성할 것.

8. 공주교대

공주교육대학교가 지원자를 선발해야 하는 이유를 기술해주시기 바랍니다.(띄어쓰기 포함 1,000자 이내)

대학별 4번 문항 유형6 ○○대학교가 학생을 선택해야 하는 이유 참고할 것.

고려대학교와 문제와 유사하다. 이 문항에 대해서는 먼저 지원 대학교가 어떤 인재를 원하는지 살펴보아야 한다. "~대학교의 ~전공에서는 이런 인재를 원하고, 전 그런 조건을 갖춘 학생입니다."라는 접근이 필요하다. 교육대학교의 특성이 되는 초등학교 교육과 연계하여 작성할 것. 예문은 고려대학교 예문 참고할 것.

1. 공주교육대학교가 원하는 인재(홈페이지의 인재상을 참고할 것)
2. 그런 인재상에 부합하는 인재라는 사실을 강조할 것.
3. 입학하게 된다면 어떻게 공부할 것이며, 어떻게 교육에 공헌할 것
   이라는 언급도 해주면 좋겠다.

"지금은 학종 (학생부종합전형)
시대예요."

　　2019년 초 폭발적인 인기를 누렸던 드라마 '스카이 캐슬'에 나왔던 대
사이다. 그렇다. 지금은 학종시대이다. 학종은 학생부와 자기소개서 그
리고 면접으로 학생을 선발한다. 그만큼 자기소개서의 중요성이 높아
졌다. 중요도가 높다 보니 비싼 가격에 자기소개서 대필을 해주는 곳도
생겨났고, 학생의 자기소개서를 코디해주는 학원도 많다.

　　자기소개서에는 사교육에 해당하는 내용은 담을 수가 없다. 그런데
자기소개서 작성이 사교육의 대상이 되는 역설적인 현실이 되었다. 그
이유는 무엇일까? 답은 단순하다. 학생들이 무엇을 어떻게 써야 할지를
모르기 때문이다.

　　그런 맥락에서 이 책은 글쓰기에 자신이 없어도 스스로 자기소개서
를 쓸 수 있도록 구성했다. 비싼 돈을 주지 않고도 이 책의 내용대로만

작성하면 별 무리 없이 자기소개서를 쓸 수가 있다. 자기소개서 작성은 어렵지 않다. 고등학교 학생이라면 누구나 쓸 수 있다. 또한, 대학교에서도 고등학교 학생이 직접 쓴 자기소개서를 원한다. 자기소개서 공통문항에는 "배우고 느낀 점"을 쓰라고 되어있다. 학생이 학교생활을 하면서 배우고 느낀 점을 쓰면 된다. 너무 잘 쓰려고 하다 보니 시작부터 막히게 되는 것이다.

이 책에서 제시한 SIAR – F의 형태로 편하게 쓰고 퇴고를 하면 누구나 쓸 수가 있다. 자기소개서는 결과를 보는 것이 아니라 활동의 과정을 본다. 그리고 그 활동을 통해 무엇을 배우고 느꼈는가가 중요한 체크 포인트이다. 그렇기에 소재가 어려운 논문이나 고등학생이 접근하기 힘든 주제를 쓸 필요가 없다. 또한, 고등학생이 하기에 힘든 특별한 활동이 좋은 평가를 받는 것도 아니다. 소재가 중요하기도 하지만 그것보다 더 중요한 것이 활동과 느낀 점이다. 이 책에서 제시한 SIAR – F의 형태로 자기소개서를 쓴다면 아주 쉽게 쓸 수가 있다.

이 책의 주된 내용인 SIAR – F 형태의 글쓰기 구성은 대입 자기소개서에만 해당하는 것이 아니다. 대학을 졸업하고 취업을 할 때도 SIAR의 형태로 자기소개서를 쓰면 된다. 한번 작성법을 익혀두면 두고두고 편리하게 활용할 수 있다. 왜냐면 현재 필자가 이러한 작성법으로 취업

자기소개서 컨설팅을 하고 있기 때문이다. 필자의 경험이 고스란히 묻어있는 작성법이기에 자신 있게 말할 수 있는 것이다.

　　대입 자기소개서의 필요성에 대해 논란이 많이 있지만, 필자는 자기소개서가 꼭 필요하다는 입장이다. 자기소개서를 작성함으로 고등학교 생활을 돌이켜보고, 대학 생활과 미래 진로에 대해 구체적으로 고심하는 계기가 되기 때문이다. 학생들은 대학에 들어가면서 인생의 변곡점을 맞게 된다. 성인이 되는 의미는 무척 크다. 성인이 될 때 한번쯤 자신이 살아온 성장기를 돌이켜보고 미래를 계획한다는 것은, 그렇지 않은 것보다는 훨씬 가치를 지니는 일이다. 자기소개서는 대입 입시를 떠나, 자신을 성찰해볼 수 있다는 기회를 가질 수 있다는 것에서도 그 필요성은 무척 크다.

　　자기소개서 작성을 폐지하자는 사람의 주된 이유는 그것이 사교육을 유발하기 때문이라는 것이다. 가진 자들은 돈을 들여 컨설팅을 받을 수 있지만, 없는 학생들은 컨설팅을 받을 수 없기에 상대적 불평등을 조장한다고 말한다. 아무리 좋은 정책이라도 나쁘게 활용한다면 그것은 나쁜 것이 된다. 문제는 자기소개서 작성이 나쁜 것이 아니라 그것을 나쁘게 활용하는 사람이 문제다.

　　자기소개서는 사교육을 받지 않고서도 얼마든지 그 작성법만 알면 누구나 쉽게 쓸 수가 있다. 이 책을 쓴 이유가 그것이다. 이 책에는 '자기소개서 무엇을 어떻게' 쓰는 지가 상세하게 나와 있다. 그렇기에 이 책을 읽으면 누구나 쉽게 자기소개서를 쓸 수 있다.